図解 人とチームが動きだす
美容室の組織論

はじめに

美容室経営において、組織論がなぜ必要か。
それは、ものの捉え方や価値観が異なる人と人とが共に働く職場では、人間関係による悩みが尽きることなく湧いてくるからです。
組織論を理解しておけば、それをフレームワーク、つまり思考の枠組みとして扱うことができますし、また、組織のトップとして意思決定を行う際に、決定的な解決策にはならなくても、組織論が大きなヒントを与えてくれる場合もあります。

そして、人は「感情」に振り回されながら、日々を過ごしています。
外的に与えられる感情から、内的に起こる感情。私たちの中に渦巻く全ての感情が、さまざまな意思決定の場面で判断を狂わせてしまうことがあります。
本書は、人と人とが共に働く職場において、いかに感情に飲み込まれずに正しい意思決定を行っていくか、その方法を知っていただきたく、制作いたしました。
また、自分自身の弱点を理解し、それをカバーする方法を用意しておけば、自分の心を守ることができます。

組織論をフレームワークとして活用し、「感情に押しつぶされない経営」ができるお手伝いになるとうれしいです。

Chapter 00

図解 人とチームが動きだす
美容室の組織論

組織とは何か

はじめに　　04

01	組織を分解してみよう	14
02	集団とチームの違い	18
03	ボス型組織、リーダー型組織	22
04	組織を動かす条件とは	26
	SUMMARY	30

Chapter 01

人が動きだす

INTRODUCTION	36
05　スタッフは、働くことに何を求めているのでしょう？	38
06　スタッフとのミーティングでは、何を話せばよいですか？	42
07　スタッフの成長を促すコミュニケーションの秘訣とは？	46
08　スタッフが落ち込んでしまい、その後、復活しません……	50
09　人間関係の問題に対する根本的な解決策はありますか？	54
10　スタッフが定着するサロンと離職するサロンの違いとは？	58
11　離職を抑えるための条件を教えてください	62
SUMMARY	66

Chapter 02

リーダーを育てる

INTRODUCTION		70
12	チームがバラバラで、1つにまとまりません……	72
13	マネジメントとリーダーシップの違いとは?	76
14	リーダーシップはどうしたら生まれますか?	80
15	リーダーにとって、最も大切にすべき人は誰ですか?	84
16	2番手が育ちません。どうしたらよいでしょう?	88
17	戦略人事について詳しく知りたいです	92
18	求人〜採用〜人材育成をうまく回すには……?	96
19	スタッフに店長職を打診したら、断られました……	100
20	結果が出ていなくても、頑張ったことを評価したいです	104
21	手当額は、どういうプロセスで決定しますか?	108
22	降格させたら辞めてしまうのでは……?	112
23	お金以外の報酬には何がありますか?	116
SUMMARY		120

Chapter 03

チームを強くする

INTRODUCTION	126
24　教育と人材投資について教えてください	128
25　パーパスって、あった方がよいですか？	132
26　次から次へと課題が出てきて、迷子になりそうです……	136
27　「良いチーム」とは、どのように生まれるのでしょう？	140
28　経営戦略を考えるためのポイントを教えてください！	144
29　どうしたら、ワンチームになれますか？	148
30　チームでの成功体験とは、どういうことですか？	152
SUMMARY	156
おわりに	158

Leader

Follower

Manager

Staff

Chapter 00

組織とは何か

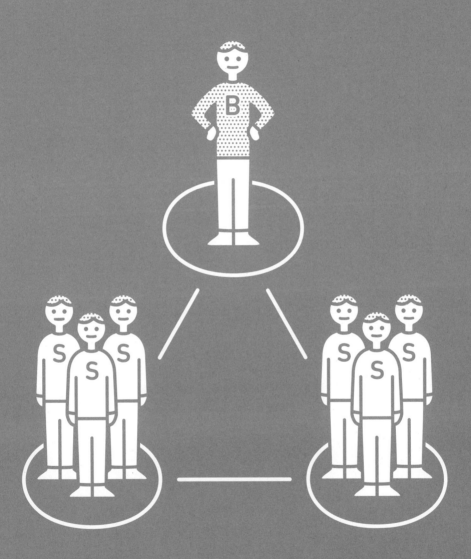

01 組織を分解してみよう

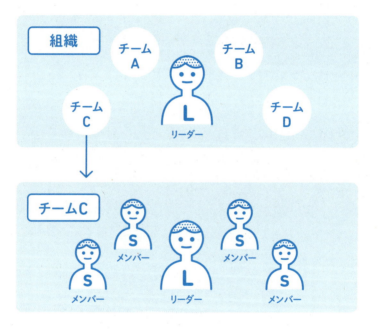

組織は、リーダー(経営者)といくつかのチームから成り立っています。そして、各チームには、それぞれリーダーとメンバーがいます。こうして分けてみると、「組織」について少し考えやすくなると思いませんか?

組織の構成要素

なぜ、組織を分解して見る・考える必要があるのか。それは、「組織」をひとくくりに考え、築いていこうとすると、一歩目のステップが非常に大きく、ハードルも高くなってしまうからです。

組織を成り立たせているのは「人」です。組織には、どういうメンバーが所属しているか、また、そうしたメンバーをまとめるリーダーはどういう人物であるべきか。そして、理想とするサロンの実現に向け、どのようなチームを構築していくべきなのか。組織を細分化して考えることで、目指すべき方向性が見えてきます。

特に複数店舗を経営している場合、各店で働いているのはどのようなメンバーなのかを把握していれば、例えば、

- 駅前の店舗には若くてSNSが得意なメンバーが多いのなら……
   →店長は25歳ぐらいのスタッフに任せようか?
- 郊外の店舗は、メンバーの年齢層が幅広いのなら……
   →店長はベテランスタッフに任せようか?

といった具合に、構想を練っていくことができます。

それでは、組織を分解しながら、構成要素を具体的に見ていきましょう。

組織はチームの集合体

組織は、いくつかのチームから成り立っています。そして、チームとは、組織の中に

存在するグループのことで、共通の目的を持った集団であることが条件となります。チームについては、次項（P.18〜）で詳しく解説します。

組織とチームには、リーダーが必要

組織とチームには、それぞれリーダーが必要となります。最近は、リーダーとして「CxO（Chief x Officerを略した言葉で、『x』には役職の頭文字が入ります）」という形で各分野の最高責任者を設定する方式が多く用いられています。

CxOの例

- CEO…最高経営責任者（Chief Executive Officer）
- CFO…最高財務責任者（Chief Financial Officer）
- CTO…最高技術責任者（Chief Technology／Technical Officer）
- CSO…最高戦略責任者（Chief Strategy Officer）
- CHO／CHRO…最高人事責任者（Chief Human Officer／Chief Human Resource Officer）
- CAO…最高分析責任者（Chief Analytics Officer）

上のように、「CxO」としてポジションを設定するメリットは、

- 各自のスキルを生かすことができる
- 各リーダーの役割が明確になる

美容室で言うと……

- CEO→経営者
- CTO→技術ディレクター
- CHO→マネジャー
- CAO→マーケター

と言い換えられるかも。

最初から「リーダー」になれる人はいない

リーダーの資質を備えた人はいるかもしれないが、その役割を最初から完璧に実行できる人はいない。育成が必要。

という点です。

美容室では「○○リーダー」「○○ディレクター」などと呼ばれることが多いですが、大切なのは、役割をあいまいにしないこと。「CxO」のイメージで、スペシャリストとして業務を担ってもらうと役割も明確になり、各リーダーも取り組みやすくなります。

チームには、メンバーが必要

チームは、メンバーがいないと成り立ちません。リーダー1人ではチームにはなり得ないのです。

そして、チームには「コミュニケーション」「共通目的」「貢献意欲」の3つの要素が必須となります。この3つを正しく機能させるには、メンバーの協力が不可欠です。この3要素については、「04／組織を動かす条件とは」(P.26～)で詳しく解説します。

リーダーの役割を明確にする
役割や業務の範囲があいまいだと、リーダーの能力が存分に発揮されない可能性が高い。また、能力に合わせた役職を表現するネーミングセンスも大事。

02 | 集団と
　　　チームの違い

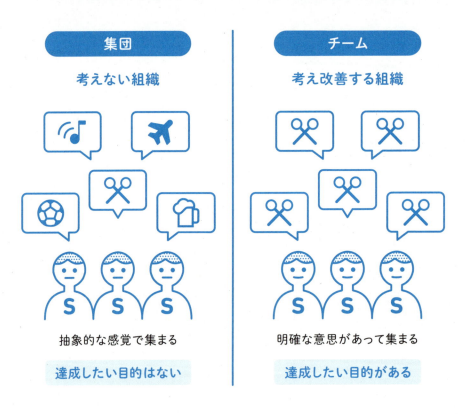

「集団」と「チーム」の最も大きな違いは、「達成したい目的」があるかどうかです。サロンワーク以外でも、複数のスタッフが集まる場面はよくあるでしょう。集まったグループが、単なる集団になっていないか、改めて見直してみてください。

目的があるのか、ないのか

「集団」とは、特に目的なく集まった人たちのグループのことで、例えば、友人たちとご飯を食べに行くとか、サッカーの自主練習で偶然集まった、などの場合は集団に当たります。楽しい時間を過ごしたいという感覚で集まっているケースですね。
一方、「チーム」には達成したい目標や集まる目的があります。また、目標や目的を成し遂げるため、「考え、改善していく組織」であるとも言えます。先ほどと同じくサッカーを例にとると、試合に向けて集まり、戦略を考えながら練習する人たちは、チームとなります。
つまり、チームと集団の違いは、「目的があるのか、ないのか」ということです。

> 集団orチーム？　美容室あるある

日常のさまざまな場面で「グループ」は存在しています。少なくとも、仕事としてメンバーと集まる場合は「チーム」であることが望ましいでしょう。
以下に、美容室でよくある「集団」と「チーム」の例をいくつか挙げてみます。あなたのサロンでは、何らかの目的がある「チーム」として、スタッフは集まっているでしょうか？

飲み会
- 営業後、仲の良いスタッフ同士で飲みに行く→集団

- 来期の売上目標達成へ向けた決起会→チーム

アシスタントの合同シャンプー練習
- おしゃべりをしながら、楽しく練習する→集団
- うまくなるために一生懸命練習する→チーム

定期的なミーティング
- 日時が決まっているから集まる→集団
- 話し合いたいことがあるから集まる→チーム

また、経営層と現場のメンバーとで、集まる目的や意味が変わってしまうケースもあります。

例えば、業務時間外に外部から講師を招いて技術の勉強会を開く場合。経営者側としては、講師料を支払っているのだから、スタッフにはしっかり技術を学んでほしいと思うでしょう。しかし、スタッフ側からすると「業務時間内にやってよ」というのが本音です。ここで、経営者側が意図する勉強会の目的と、スタッフ側の気持ちにズレが生じます。

- **経営者の目的**…スタッフ教育
- **スタッフの気持ち**…自分の時間を削って集まらなければならない

中には「学びたい！」と積極的な姿勢で参加するメンバーもいるかもしれませんが、多くのスタッフが、後ろ向きな気持ちで"仕方なく"参加することになるのではない

飲み会を経営に生かす
経営者とリーダー層による飲み会は、普段話せないことを話せるなどのメリットもある。ただし、飲み会の目的はあらかじめ設定したいところ。

ママさんスタッフ向けランチ会
時短勤務のスタッフ向けに、仕事について話す機会を設けるため、「ランチ会」を定期的に行う企業も多い。

かと思います。せっかく外部講師から技術を学べるチャンスなのに、もったいないですよね。

こうしたケースへの対応としておすすめしたいのは、業務時間外に実施する場合、学べる内容を伝えた上で、「学びたい人は参加してください」などと希望制にすることです。そうすれば、学びたいという意欲のあるメンバーが集まり、「外部講師の技術を学ぶ」という、目的を持つチームになるのではないかと思います。

部分的に「集団」になっていないか？

ここまでに挙げた例で見てきたように、仕事のために集まっているにもかかわらず、場面によっては目的のない「集団」となってしまっているケースは意外とあるものです。

目的があるか、ないかにより、得られる成果は変わります。仕事の一環で集まるのなら、明確な目的を持って集まりましょう。そして、目的の達成に向けて、考え、改善することのできる「チーム」をつくっていきましょう。

03 | ボス型組織、リーダー型組織

	時期	
創業時		創業から数年経過後
圧倒的なけん引力	特徴	周りを巻き込む力がある
1人	リーダー	複数人

　組織の形(構造)は、組織の成長に合わせて変わっていくものです。美容室経営における典型的な形は、「ボス型組織」と「リーダー型組織」の2つです。それぞれの特徴や違いを見ていきましょう。

成長に合わせて組織の形は変わる

「ボス型組織」とは、経営者が「プレイングオーナー」としてサロンの現場に立ちながら経営も行っていくという、美容室経営によくある組織の形です。経営者に圧倒的な信頼感があり、「ボス」である経営者1人が組織を引っ張っていくのが特徴です。創業時は、ほぼ全ての美容室がボス型でスタートします。

一方、「リーダー型組織」は、創業から数年がたち、複数のリーダーが現れることで確立される組織の形です。特徴としては、それぞれのリーダーがリーダーシップを発揮して他のメンバーを巻き込みつつ、リーダー同士の個性やスキルを尊重し、協力し合いながら、組織全体を盛り上げていきます。多くのスタッフが働く美容室においては、ボス型組織よりもリーダー型組織の方が柔軟な組織の形と言え、成長が見込める在り方と考えることもできるでしょう。

創業時は「ボス型組織」

どの美容室でも、創業時はボス型でないと成り立ちません。プレイングオーナーが圧倒的なリーダーシップを発揮してスタッフをぐんぐん引っ張っていき、サロンの売上やお客さまを増やしていく。サロンを軌道に乗せるには、そうしたスタートダッシュは絶対に必要です。経営者が2～3人の共同経営の場合も、保有株数によって一方を「ボス」としたり、財務や教育など業務ごとに役割分担をしたりして、現場をけん引するボスが存在するものです。

ボス型組織は、1人のボスが中心となって組織を運営していくため、1〜2店舗程度の規模が限界です。3店舗目以降は、リーダー型組織に移行しないとメンバーとのコミュニケーションが不足して離職が増えるなど、組織を安定的に運営していくことが難しくなります。

経営学に「スパン・オブ・コントロール」という考え方があり、「1人のボスが直接管理できるメンバーの人数は5〜8人」とされています。組織の環境やボスのスキルにもよりますが、これ以上の人数を1人で管理するのは難しくなってきます。美容室なら、だいたい2店舗ぐらいの規模であれば、ボスがメンバーと直接コミュニケーションを取ることは可能ですが、3店舗目からはそれが難しくなるため、ボス以外の「リーダー」が必要になってくる、ということですね。

「リーダー型」移行期に起こりやすい問題

ボス型組織からリーダー型組織へ移行する際に起こりやすいのは、教育と人材育成の問題です。ボス型の場合、ボス(経営者)がメンバーに技術を直接教えるなど、スキルの習得を目指した「教育」が行われるものです。スタッフに早く一人前のスタイリストになってもらうため、短期集中で教育を施していくのです。

しかし、リーダー型になると、人材を長期的に育てていくという「育成」の概念が求められるようになってきます。リーダー自身を育てる必要がありますし、また、リーダーはメンバーに対して育成という視点で触れ合っていかなければなりません。なぜなら、スタッフ数が増えると、それまで(ボス型)のようなボスによる教育だけ

スパン・オブ・コントロール

経営学の用語で、上司が適切に管理できる部下の人数や、業務の領域を定義したもの。人数は、さまざまな要因に左右されるが、一般的には5〜8人とされる。

では、技術が浸透しにくくなってしまうことに加え、メンバー個人の成長を促すのは難しくなってしまうためです。スタッフの成長には、教育だけでなく育成が必要となりますが、育成には時間と手間がかかります。ボス1人では手が回らなくなってしまうため、リーダーがメンバーを育成していく必要がある、ということですね。ボス型組織の教育をそのままリーダー型組織に持ち込むのは、戦略によってはありですが、つまずくケースが多いことをお伝えしておきます。

それぞれのメリットとデメリット

最後に、ボス型組織とリーダー型組織、それぞれのメリットとデメリットをまとめておきます。

ボス型組織

- メリット…実行力がある。実行のスピードが速い。責任の所在が明確。
- デメリット…メンバーの意見を吸い上げにくい。決定権はボスにあるため、他のメンバーが考えなくなる。

リーダー型組織

- メリット…「育成」を基本とするため、人が育つ・考えるようになる。リーダーの強みは生かし、弱みは補い合える。
- デメリット…実行のスピードが遅い。責任の所在が不明瞭になりやすい。

3店舗以上のボス型教育
例えば、ヘアスタイルの「型」を決めてマニュアル化し、教えていく方法など。実際に中規模店以上で採用している例もある。戦略的に展開することが重要。

「教育」と「育成」の違い
- 教育…スキルや知識を教えること。スキルの習得を目指す。
- 育成…個人の能力を引き出し、成長させること。各スタッフに合わせた対応が必須。

04 | 組織を動かす条件とは

組織が成立するための3つの条件

アメリカの経営学者であるチェスター・バーナードが提唱した理論

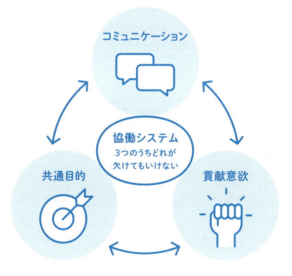

これら3つを仕組みで回す

組織を成立させるには、いくつか条件があります。
はじめに、①コミュニケーション、②共通目的、③貢献意欲の3つの要素がそろっていること。そして、これらの要素を「仕組みで回していく」ことです。

組織に必須の3要素

まずは、3つの要素から見ていきましょう。

① コミュニケーション

コミュニケーションとは、言葉を通じて気持ちや意見を相手と伝え合うことでお互いを理解しようとするものであり、双方向で意思の疎通を図る行動を言います。似た行動に「情報伝達」がありますが、これは話し手から聞き手に一方的に情報を伝える行為であるのに対し、コミュニケーションは相互に意思・意見を交換することが特徴です。

② 共通目的

共通目的とは、チームとして目指す「メンバー共通の目的」のことです。メンバーがお互いに信頼し合い、同じ目的に向かって進むための大きな旗印となります。共通目的はチームごとに設定が可能であり、状況に応じて変更してもOK。ただし、最終的なゴール（＝組織の共通目的）とベクトルをそろえることが重要です。

③ 貢献意欲

貢献意欲とは、チームのメンバー同士が「お互いに貢献したい」と思うことで、「組織に貢献したい」という気持ちではない点がポイントです。メンバー同士がお互いに無関心な状況では、互いに貢献し合いたいという気持ちを抱くことはできま

**チェスター・バーナード
（1886年-1961年）**
アメリカの経営学者。電話会社の社長を務めながら、『経営者の役割』『組織と管理』などを発表。組織をシステムとして定義し、その成立の条件として「3要素」を提唱した。

**コミュニケーション≠
情報伝達**
コミュニケーションと情報伝達は全くの別物。
- コミュニケーション…双方向のやりとり
- 情報伝達…一方通行

**チームの共通目的
＜組織の共通目的**
組織が掲げる「ビジョン」も共通目的の1つ。ビジョンに向かって、各チームがそれぞれの共通目的を掲げて進む。

せん。まずは、お互いを知ること、そしてお互いの能力を認め合い、補い合うこと。それが貢献意欲として表れ、チームビルディングへとつながっていくのです。

こうして見てみると、これら3つの要素は互いに関連し、作用し合っていることが分かりますね。メンバー同士のコミュニケーションによって互いへの貢献意欲が生まれます。そして、なぜコミュニケーションが必要かと言うと、そこに共通目的があるからです。貢献意欲が失われるのは、共通目的が明確でない場合や、コミュニケーションが十分でない場合でしょう。コミュニケーションが取れているように見えても、それが一方的な情報伝達のミーティングであったとしたら、貢献意欲は生まれません。

「仕組みで回す」とは?

では、これら3つの要素を「仕組みで回していく」とは、具体的にどういう行動・状態を指すのでしょうか。

「仕組み化」の逆を表す言葉は「属人化」です。属人化とは、特定の人に依存している状態、つまり、特定の人以外はチームを動かせない・業務を進められない状態を言います。例えば、コミュニケーション能力の高いメンバーの存在によって、チーム内の円滑なコミュニケーションが保たれている状態。これでは、その人がいないとコミュニケーションが成り立たなくなってしまいます。
対して、メンバーが変わっても、常に十分なコミュニケーションが取れる状態・環

貢献意欲
相手が「自分のことを好きかもしれない」と思うと、人はその相手に貢献したくなるもの。まずは、お互いを知ることが肝心。

仕組み化vs属人化
- 仕組み化…誰でもできる
- 属人化…特定の人のみできる
仕組みを検討する際は、「特定の人以外でもできるか」を考えるとよい。

境になっていること、これが「仕組みで回す」という意味です。
コミュニケーションが活性化するイベントを定期的に開催するなど、仕組みによってメンバー同士が互いに関心を持てるきっかけをつくるとよいでしょう。

自店に合う仕組みは、自店にしかない

組織においては、特定の人に頼ることなく、メンバーが誰であっても、①コミュニケーション、②共通目的、③貢献意欲の3つの要素をシステムとして回し、機能させることが肝要です。そうした仕組みには、全ての組織にフィットする正解はなく、自店に合わせて考えていくしかありません。以下のフローを参考に、メンバーの顔を思い浮かべながら、あなたの組織に合う仕組みを検討してみてください。

■ 共通目的
- 何のために自分たちは集まっているのか?

■ コミュニケーション
- なぜ、話し合う必要があるのか?

■ 貢献意欲
- どうやって支え合うのがよいのか?

Chapter 00／組織とは何か

組織を分解してみよう

組織はチームの集合体。
組織とチームにはリーダーが必要で、
チームにはメンバーが必要。

集団とチームの違い

大きな違いは、
「目的」があるかないか。
仕事においては、
常に「チーム」であるべき。

SUMMARY

ボス型組織、リーダー型組織

創業時は「ボス型組織」。
3店舗目以降は「リーダー型組織」に
移行したい。

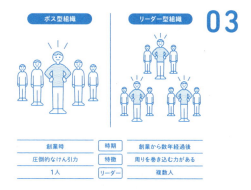

組織を動かす条件とは

組織に必須の要素は、
「コミュニケーション」
「共通目的」
「貢献意欲」。
これらを仕組みで回すことが大事。

では、
いったいどうやって
<u>組織</u>をつくっていくか

Chapter 01
人が動きだす　→　P.34-67

Chapter 02
リーダーを育てる　→　P.68-123

Chapter 03
チームを強くする　→　P.124-15*

Let's Study!!

Chapter 01

人が動きだす

「スタッフの気持ちが全く分かりません」

こんな声を、美容室経営者からよく聞きます。人にはそれぞれ感情があり、考えがあります。それを完全に理解できるのものならば、理解したいとも思いますが、そうはいきません。

さらには、無理にコントロールしようとすれば、人は反発し、抵抗します。自分自身を変えることはできても、相手の気持ちや行動を変えることは難しいのが現実です。

では、「人が動きだす組織」とは、いったい何なのでしょうか。

そのヒントは、経営者自身の考え方と、組織のルール設定にあると思っています。

私が2店舗目を出店したとき、大きな問題が生じました。

それまで1店舗だったため把握・理解できていたスタッフ1人ひとりの考え方や行動が、2店舗になった途端、急に分からなくなってきたのです。さらに、3店舗目を出店した後は、その不安が加速し、しまいには「スタッフの気持ちが全く分からない」。そんな状況に陥ってしまっていました。

私はそのとき、たくさんのことを考えました。

その中で、あるヒントにたどり着いたのです。

それは、「自分とは別の人間を完全に理解することは不可能だが、組織のルールを適切に設定すれば、問題を解決できる可能性がある」ということでした。

例えば、スタッフ1人ひとりの仕事に対する考え方はさまざまです。多くのスタッフに意見を求めれば求めるほど、種々さまざまな意見が返ってきます。それによって、情報をきちんと整理できなくなり、正しい情報や本当にピックアップすべき意見が何なのか、分からなくなってしまうのです。

そこで、1人ひとりに「役割」を担ってもらうようにしました。

INTRODUCTION

例えば、技術教育について意見を聞きたいときは「ディレクター」、スタッフ同士の人間関係や、サロンのイベントに関して意見を聞きたいときは「マネジャー」、というように、誰に何を尋ねるかを明確にしていくことにより、本当に欲しい意見を回収しやすくなっていったのです。そして、これが結局は、個々のエンパワーメントとして機能したことは間違いありません。

人が動きだすきっかけは、「周囲から自分が必要とされている」と自覚できたときです。さらに、その成長の度合いは、自身に与えられた役割を通して結果を出し、成功体験を積んでいくことと比例します。

私は、その後もさまざまな「役割」をスタッフに付与し、サロン内における権限移譲を加速させて、1人ひとりが動きやすく、また実績を出しやすい組織へと変革を行ってきました。

「人が動きだす」ために必要なのは、組織に合わせて適切にルールを定めること、そして個々の能力を認め、お互いに尊重し合いながら、実績を積んでいける環境をつくることなのだと思います。

Start Moving!!

05 | スタッフは、働くことに何を求めているのでしょう?

仕事における、労働観と人生観の違い

労働観

仕事において何を実現したいか
- 時間に見合った業務量であること
- 心身を安定させながら無理なく業務をこなせること
- 仕事内容の難易度が高過ぎない
- 適切な量と責任が与えられる仕事

サロンがコントロールできる

人生観

人生において何を実現したいか
- 働くことで経済的に自立したい
- 健康で豊かな生活のための時間を確保したい
- 多様な働き方や生き方を実現したい
- ワークライフバランスを重視

サロンがコントロールできないことが多い

仕事との向き合い方や働き方についてスタッフと話す際、見極めたいのは、そのスタッフが自分の「労働観」を話しているのか、それとも「人生観」を話しているのか、という点です。
労働観と人生観は似て非なるもの。これらを混同しないようにすることが肝心です。

労働観 or 人生観？

労働観とは、「仕事において何を実現したいか」、つまり、スタッフ自身が「どのように働きたいか」を表す考え方のこと。
対して、人生観は「人生において何を実現したいか」、つまり、「どのように生きたいか」という価値観のことです。

組織（サロン）がコントロールできるか、できないか

労働観は、スタッフが仕事に何を求めているかという希望であるため、組織でコントロールすることが可能です。スタッフと対話しながら、実現できる方法を共に模索していくことができます。
一方、人生観はそのスタッフの人生に対する価値観であるため、他者が介入することは難しく、組織でコントロールできないことがほとんどです。

■ 例

スタッフ：「お客さまを笑顔にしたいんです」（労働観）
経営者：「よし！　じゃあ、まずは何から頑張ろうか？　あなたはヘッドスパが得意だよね。今度、○○さんに提案してみたらどうだろう？　○○さん、最近疲れているみたいだから、すごく喜ぶと思うんだよね」

―――――――――ここで話が切り替わる―――――――――

労働観とは……
「お客さまを笑顔にしたい」「仕事を通じて美容師として成長したい」など、「どのように働きたいか」を表す考え方。

人生観とは……
「お金をためてタワマンに住みたい」「家族と過ごす時間を増やしたい」といった、「どのように生きたいか」を表す価値観。

スタッフ：「はい！　あと私、お金をためてタワマンに住みたいんです」（人生観）
経営者：「よし！　じゃあ、無駄遣いしないようにしてお金をためようか」
スタッフ：「……はい」

このように、労働観ならサロンで成長を支援できますが、人生観までは支援できないことを明確にしていくのも、大切なコミュニケーションの1つです。

話を聞いてもらうと、人は何かを期待する

しかしながら、スタッフの人生観を聞いてはいけない、というわけではありません。人は誰かに話を聞いてもらうことで、（明確に否定されない限り）その相手が「肯定してくれている」と認識し、「これで正しい、私の考えていることは間違いじゃない」と思い込む傾向があります。人生観にまつわる悩みなどを話してスタッフの気持ちがラクになるのなら、それはそれで良いことでしょう。

注意したいのは、スタッフが「私の話を聞いてくれたのに、オーナーは何もしてくれなかった」と思ってしまう可能性があることです。人生観は組織でコントロールできないケースがほとんどですから、経営者側にとっては、アドバイスのしようがないことだったり、サロンではサポートするすべがないことだったりするかもしれません。けれど、話を聞いてくれたのだから、「何かしてくれるかも」という期待感がスタッフに生じてしまうのも無理はないのです。何と理不尽……とぼやきたくもなりますが、だからこそ、特にミーティングにおいては、話題が人生観に寄って

**人生観はサロンが
コントロールできない**
スタッフから人生観で相談されたとしても、かなえてあげられない約束はしないこと。

しまった場合、労働観へと話を戻さなければなりません。

人生観の話になってしまったら……

とはいえ、スタッフからプライベートの悩みを相談されることもあるでしょう。人は、自分が最も気にしている内容から話し始めるものです。そんなときは、ひとまず話を聞いてあげ、相談があれば、ビジネスと切り離して相談に乗る。ただし、サロンとして「できること」と「できないこと」は明確に伝えましょう。

私の場合、スタッフからの相談事にはまず、スタッフが話を聞いてほしいのは「経営者の多田」なのか、「30代男性、人間の多田」なのかを見極めてから、話を聞くようにしています。プライベートの相談なら、カフェや公園など、場所を変えるのもよいでしょう。

話のテーマを相手に委ねない

スタッフとのミーティングでは、あらかじめテーマを設定して臨むのがポイントです。例えば、「最近どう？」と聞かれると、プライベートのことを言いたくなりませんか？　これは、人生観を話したくなる尋ね方ですね。

仕事に関する話をしたいなら、「この売上に対してどう思う？」「今月、パーマ比率が上がっているね。どうしてだろう？」などと、明確に仕事の話題を投げかけることが重要です。

「将来、どうしていきたい？」
この質問は、人生観に触れて語りやすいものの代表格。聞き方・答え方に気を付けたい。

ミーティングの準備＝テーマ設定が大事
あらかじめテーマを設定しておけば、プライベートの話題の後でも話を戻しやすくなる。

06 スタッフとのミーティングでは、何を話せばよいですか?

対話と合意

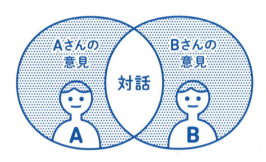

対話とは

違う部分を見つけて
互いに理解し、
尊重し合うために行う

1対1のミーティング
などでは対話を生かす

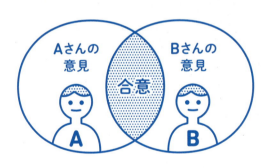

合意とは

共通点を見つけること。
物事を決める際に
よく用いられる

集団のミーティング
などでは合意を生かす

スタッフと1対1で行うミーティングなのか、複数人またはサロン全体で行うミーティングなのかにより、話し合う内容や目的は変わります。それぞれを効果的かつ有意義なものにするには、「対話」と「合意」を使い分けることがポイントです。

対話は相違点、合意は共通点に注目

1対1のミーティングは、相手の考えなどを知る目的で行われる場合が多いため、「対話」のスキルを活用することで、より深い話し合いが可能となります。
対して、「合意」は方針や方向性を一致させ、物事を決める際に必須のスキルとなるため、集団でのミーティングで用いられることが多いです。
対話と合意、それぞれの進め方のコツや注意点を見ていきましょう。

対話のコツは、事前準備

対話は、「話すこと」が決まっていないとただのおしゃべりになってしまうため、あらかじめテーマを設定しておくなど事前の準備が重要です。スタッフにとっても、前もってテーマを把握しておけば考えを整理しておくことができるので、話しやすくなります。

対話が合意にならないよう注意

対話において気を付けたいのは、自分が知らなかった相手の気持ちや考えを知るのが目的なのに、いつの間にか「合意」のプロセスにすり替わってしまう可能性があることです。スタッフの思いを聞こうとミーティングしているのに、気付いたら自分（経営者）の考えを熱弁していた……といった経験はありませんか？

対話とは……
自分とは異なっている部分を互いに見つけ、理解・尊重し合うこと。つまり、自分が知らなかった相手の意見や考え方などを知るところから対話は始まる。

合意とは……
互いの意見や考え方の中から一致するポイント（＝共通点）を見つけ、全員が納得する形で合致点や妥協点を定めること。

対話を通じて人を育てる
相手を深く理解することができる対話は、スタッフの能力を生かし、育成する上で非常に有効。

これでは、対話というよりお説教（に近いもの）。対話には、相手の内面を理解しようとする姿勢で臨むことが肝心です。

合意はチームを動かす必須条件

合意とは、メンバー全員が納得できる着地点や妥協点を見つけ、いわゆる「結論」を導き出すことです。ミーティングで決めたことは、実行しないと意味がありません。そして人は、自分が納得しないと動かない。つまり、合意がないとミーティングで決めたことが実行・運用されない可能性があるわけです。

合意形成のプロセスは複雑で、ケースバイケースでの対応が必須となるため、ここでは「合意しない人」が存在する場合の応じ方のコツをお伝えしていきます。

合意のコツも、事前準備

ミーティングで合意を得るポイントは、①前もって全ての情報を出しておく、②想定される反論への回答（解決案）を用意しておく、③会議前に過半数の同意を得ておく、④反論者の逃げ道をつくっておく、などが挙げられます。

例えば、ヘアカラー料金を値上げしたいと考えている場合なら、その理由を事前にメンバーに伝え、「値上げは妥当である」という空気をつくっておきます。値上げの目的とメリットを知れば、反対する理由は減り、納得感が増すでしょう。

提案： ヘアカラー料金を500円値上げしたい

集団で対話はできる？
収拾がつかなくなる可能性が高い。なお、合意形成する上でメンバーの考えをいったん取り込む「意見回収」のプロセスは存在するが、対話とは異なる。

反対意見：お客さまの負担が大きくなってしまう
値上げの理由：材料費と人件費が上がっている
値上げのメリット：値上げによって売上がアップする
スタッフの気持ち：いろいろ値上がりしているし、値上げは妥当だな。売上も上がるし、いいんじゃないかな

人は、一度明確にした立場（意見）や行動を最後まで貫こうとするため、最初の段階で反対意見を出すとそれを曲げにくくなってしまう傾向があります。ですから、納得の根拠となる材料をあらかじめ提示し、最初の反論を生まないようにすることが重要です。

また、ミーティングを進める中でもさまざまな反対意見は出てくるでしょうから、「そういう意見もあるよね」などと共感し、逃げ道をつくってあげましょう。

合意の注意点

こうして「事前準備が大切です」とお伝えすると、反論者を合意させればよいのだな、と勘違いされてしまいそうですが、合意しない人を無理に合意させることは、アウトです。無理やりの合意では納得感がないため、人は動きません。

また、合意は権限のある人によって傾く恐れがあります。サロン内で権力のある人や発言力のある人などの意見に押され、他のメンバーが合意せざるを得ない……という状況にならないよう、コントロールしていきましょう。

コミットメントと一貫性
「人は、一度自分が下した決定（コミットした行動・意思）を最後まで貫こうとする」という心理学の理論。

1対1での合意はできる？
権力のある人の意見に影響されるため、立場に差があると合意にならない。1対1で合意が成り立つのは、対等に話せる人同士の場合のみ。

07 | スタッフの成長を促すコミュニケーションの秘訣とは?

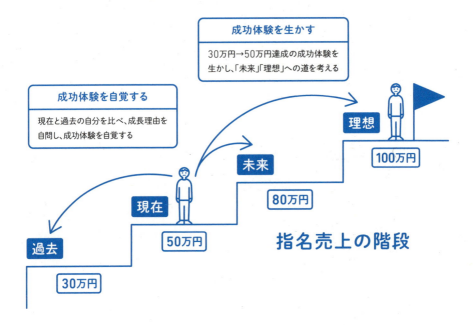

スタッフの成長を促すコミュニケーション方法として有効なのが、「問い」のテクニックです。
「問い」とはすなわち、相手に問うこと。こちらからは答えを与えないようにし、相手に考えさせて、自ら答えを導き出してもらいます。

問いを通じて成功体験を自覚

左の図を参考に、Aさんの成長の軌跡と「問い」の例を見ていきましょう。

まず、Aさんには「過去」→「現在」→「未来」→「理想」と続く、それぞれのAさんがいます。そして現在のAさんは、月間指名売上30万円から、3カ月で売上を20万円アップさせた、指名売上50万円のスタイリストです。現在のAさんから未来のAさんへの成長を促すため、問いを行います。

経営者:「Aさん、3カ月前は指名売上30万円だったのに、今は50万円だね。すごいよ！ この3カ月、何か特別なことをしたの？」
Aさん:「うーん、何でしょう？ SNSにアップしたスタイル写真が、今までよりも多かったかも」
経営者:「なるほど。それで、どうなったんだろう？」
Aさん:「SNSのスタイルを気に入ったお客さまがたくさん来てくれたので、一生懸命提案しました」
経営者:「一生懸命の提案って、どういうことかな？」
Aさん:「お客さまに入念なヒアリングをしました。特に普段の生活の中で、髪について気になっていることを詳しく教えてもらうようにしたんです。それをもとにヘアスタイルを考えて……」

ここでのポイントは、過去から現在に至るまでの自身の行動を振り返り、「なぜう

「問い」とは……?
シンプルに、相手に問うこと。ルールは、問う側から答えを言わず、相手に答えを出してもらうこと。その理由は……次ページへ!

まくいったのか」という理由をAさん本人が語っていることです。

問いの前までは、Aさんは指名売上30万円だったころの自分を忘れており（過去であるため意識していない）、自身が成長への階段を上っていることに気付いていませんでした。しかし、問いを通じて自らの行動を振り返り、過去の自分と現在の自分を比較して考えられると、自分自身の成功体験を自覚するようになります。そうして、次のステップ、すなわち「未来」の指名売上80万円のAさんになるための行動策を、さらにAさん自身で考えてもらうのです。

本人以外が答えを言わない・確定しない

問いにおいて肝心なのは、先輩や上司が答えを与えないことです。キャリアを積んだ先輩スタイリストならば、自身の経験をもとにアドバイスをしたり、あれやこれやと口を出したりしたくなる気持ちも分かりますが、そこは我慢です。スタッフ自身が答えを出すのを待ちましょう。

なお、相づちを打つ際も無意識に答えを確定しないよう、気を付けてください。例えば、「そうかもしれないね」は相手が出した答えに寄り添う相づちですが、「きっと、そうだね」は答えを確定させてしまう相づちです。

答えに詰まったときのフォロー術

スタッフが考えにくそうだったり、なかなか答えを出せなかったりする場合は、そ

次、何をやるか？
現在までの成長理由が分かったら、次のステージへ向けた道筋を問う。問いを通じて、「次は○○します」という行動プランまで導くことが大切。

スタッフの成長につながらない声掛け
オーナーから、「最近頑張ってるね〜。期待してるよ〜」なんて言われても、スタッフはすぐに忘れてしまうもの。

のときに（Aさんの場合、3カ月前から現在までの間）どのような行動をしていたか、変えた行動はあったのか、など、自分自身の行動を振り返ってもらうとよいでしょう。「あ！　そういえば……」などと、答えへの気付きがあるものです。

いくら考えてもスタッフが答えを出せないときは、いったん、ミーティングをブレイクします。そして、次回までに解決の糸口となりそうなヒントを集めておいてもらいます。

答えを出せないスタッフに私がよく提案するのは、雑誌や本などから好きな言葉を拾ったり、SNSなどで好きなヘアスタイルの写真を集めたりしておいてもらうことです。そうして、自分が好きだと思うものを俯瞰してみると、意外と成長への気付きを得られるものです。

スタッフの答えは、いい意味で期待を裏切ってくる!?

スタッフが自ら導き出す答えは、こちら側（経営者や先輩）が予想している答えと違うことがほとんどです。なぜなら、モチベーションは人それぞれに異なっており、その人にしか答えがないものだからです。もし、問いを通じてスタッフの出した答えが想像していたものと全く同じなら、答えを誘導している可能性がありますので気を付けてください。

人は、自ら考えて意思決定した行動を信じる傾向にあります。こちらは答えが分かっていてもぐっとこらえ、スタッフ自身で考える習慣をつけるためにも必要なのが、この「問い」のテクニックなのです。

能力開発に「問い」を使おう

問いは、スタッフの成長を促すだけでなく、能力開発にも有効。時には、本人が気付いていない隠れた才能が見つかるかも？

08 | スタッフが落ち込んでしまい、その後、復活しません……

モチベーションの低下 / 周囲にマイナスの影響 / 常に受け身になる　…など

原因としては
否定され続ける/成果を実感できない体験が続く/本人のストレス耐性を超える

スタッフが学習性無力感に陥ると、モチベーションが低下し、周囲にマイナスの影響を与えてしまうことがあります。さらには、言われたことだけを行うなど、常に受け身の姿勢が目立つようになります。

「学習性無力感」とは?

「学習性無力感」は、心理学者のマーティン・セリグマンらによって提唱された現象です。これは、過度のストレスにさらされたり、ストレスを回避できない環境に長時間居続けたりすることによって自分の殻が形づくられ、抜け出せなくなってしまう状態を言います。周囲から否定され続けたり、成果を実感できない状態が続いたりすると、「何をやってもダメだ」と学習し、ストレスから積極的に逃れようとしなくなるのです。

美容室においても、学習性無力感が起こり得る状況はいくつか考えられます。例えば、技術を教える場面。先輩と後輩とでは、できる範囲も深度も全く違うのだから、いくら後輩が頑張っても初めから先輩のようにできないのは当たり前。それなのに、「何でできないんだよ!」などと怒鳴ったり、「やっぱり、君には無理か〜」と後輩の努力を否定したり。「できないこと」ばかりにフォーカスしていては、後輩が学習性無力感に陥る可能性は十分あるでしょう。

「学習性無力感かも?」のサインとは

学習性無力感は、普段の様子との違いから気付くことができます。寝坊を繰り返して時間を守らなくなったり、欠勤が多くなったり。また、いつもより元気がない、表情が暗い、といった変化にも注意が必要です。

その原因は意外と近くにあることも多く、例えば、「みんなでSNSを頑張ろう」とサ

マーティン・セリグマン（1942-）
アメリカの心理学者。「ポジティブ心理学」の創設者として知られる。

学習性無力感の要因
- 継続して否定される
- 成果を実感できない体験が続く
- 本人のストレス耐性を超える

学習性無力感のサイン
- 寝坊を繰り返す
- 時間を守らない
- 欠勤が増える
- 表情が暗い
など

ロンで取り組んだところ、もともとSNSが得意なBくんは効果的に集客につなげているのに対し、苦手なCくんは全く集客できず、先輩からは「お前ダメだな！ 毎日必ず1投稿はしろよ」などと責められる。Cくん本人も、できるBくんと比べて"できない自分"を肯定できなくなり、落ち込んでしまった……。

ひと昔前なら、「そんなことで落ち込むな!!」などとCくんを叱り飛ばす先輩が現れそうですが、人によってストレスへの耐性は異なりますので、誰かの尺度でCくんのストレス度合いを測ることはできません。スタッフを指導する立場にある人ほど、「相手は自分とは違う」ことを改めて認識しなければなりません。

学習性無力感から抜け出すには？

いったん学習性無力感に陥ると、復活するのはなかなか難しくなりますので、まずは陥らないことが第一です。けれど、もしもスタッフが学習性無力感に陥ってしまったら……。根本的には、スタッフ自身が原因を導き出し、対処していくしかありません。ですが、経営者や周囲のスタッフがそれをサポートすることは可能です。周囲ができることとしては、まず、スタッフに精神的なダメージを与えている原因がサロンにあるなら、それを取り除くことです。誰かの言動や態度が原因になっているならば、即座にやめましょう。成果を実感できない環境になっているならば、改善が必要です。

さらに、「問い」（P.46～参照）を通じて、スタッフが自分で原因を見つけ出せるよう、導いていきます。このとき、「○○で悩んでるんでしょ？」などと言ってしまわないこと。

ストレスは人それぞれ
何にストレスを感じるかは個人によって異なり、耐性もまちまち。ストレスをため込む人がいれば、気付かないうちに自然と発散できている人も。

学習性無力感から抜け出すポイント
①根本的な要因を受け止め、「できない自分」を認める。
②自分にしかない強みを生かし、成功体験を積んでいく。

本人が根本的な原因を見つけ、それを受け止めなければ意味がありません。「できない自分」をスタッフ自身が認められるよう、導いてあげてください。

そして、そのスタッフが自分にしかない強みを見つけて生かし、成果や成功体験を積み上げていけるよう、フォローしてあげてください。学習性無力感克服の鍵は、「自己効力感」を高めることにあります。「自分ならできる」とスタッフ自身が自分の可能性を認められるような環境づくり・取り組みがポイントとなります。

自分の「弱み」を知っておく

学習性無力感の問題は、経営者も例外ではありません。学習性無力感に陥らないようにするには、自分がストレスを感じる状況を理解し、避けることです。

私にも自覚している弱みが2つあり、意識的にそのような状況に近づかないようにしています。1つ目は、「会社の現金が減ること」。私はお金に対してシビアに考えるタイプなので、それを必要以上に「経営者としての怠慢、能力不足」と捉える傾向があります。だから、現金が減るようなビジネスをしないようにする。もう1つは、「マイナスの感情に触れること」です。自分には、相手のマイナスの感情をプラスに好転させる方法が分からず、そんな自分が嫌になってしまうのです。だから自分からマイナスの感情に近づくことはありませし、私の弱みを知る人たちも、私をそうした状況から遠ざけようとフォローしてくれています。

まずは自分の弱点を理解し、受け止めること。そうすれば、学習性無力感に陥らないための方法もおのずと分かってくるものです。

「自己効力感」とは?
「自分ならできる」「自分ならうまくいく」などと自分の能力を信じることができる気持ち。なお、自分の存在を肯定的に受け止める「自己肯定感」とは異なる。詳しくはP.148〜で解説。

09 | 人間関係の問題に対する根本的な解決策はありますか？

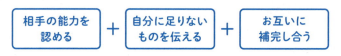

組織における人と人との接着剤

相手の能力を認める ＋ 自分に足りないものを伝える ＋ お互いに補完し合う

1対1でお互いに必要とされているかどうか

チーム内でお互いに必要とされているかどうか

「あなたを必要としている」
その言葉が何より互いをつなぐ

組織において、人と人をつなぐポイントは「あなたを必要としている」という言葉にあります。この言葉は、メンバー同士をつなぎ、チームを動かしていく鍵。いわば、"接着剤"のような働きをしてくれるのです。

組織において人と人とをつなぐもの

人は誰でも、「誰かに必要とされたい」と感じているものです。
1対1の関係において「自分が相手に必要とされている」と認識できること。そしてチームにおいても、複数のメンバーが存在する中で自分自身が必要とされており、同時に、メンバー同士がお互いを必要だと思えていること。こうした実感が、チームの人間関係に大きく影響しています。

規模が大きくなるほど、言葉が必要

「あなたが必要だ」という気持ちは、頭の中で思っているだけでは伝わりません。そうした思いを言葉にして明確に伝えること、私は普段からこれを意識してスタッフに声を掛けるようにしています。
というのも、サロンの規模が大きくなるにつれ、スタッフと同じ空間で過ごす時間は減っていきます。経営者側から感謝などを伝える機会を積極的につくっていかないと、その思いはスタッフに届きません。また、例えばスタッフができることなのに誰にも任せず、経営者が率先して動いてしまったりすると、メンバーは「自分は必要とされていないのかな」などと思ってしまうこともあります。
組織が大きくなればなるほど、「あなたと必要としている」と意識的に伝える重要性も増していくのです。

「必要とされていない」と
感じると……
その組織に所属する意味を見いだせず、モチベーションは低下。
離職につながることも。

「あなたを必要としている」と伝える言葉、伝わる言葉

「あなたが必要だ」という直接的な言葉ではなくても、「そう思っていること」をシンプルに伝えましょう。例えば「助かるよ」「あなたがいてくれて良かった」などとストレートに感謝を表す言葉なら、「だから、あなたが必要です」というニュアンスも伝わりそうです。

もしくは、「あなたの〇〇なところがすごい」などと、能力やスキルを褒めるのも有効です。この場合、相手の能力を認めた上で、「だから、私を助けてほしい」と重ねて伝えることで、「あなたが必要だ」という意図がより伝わりやすくなります。

P.54の図にあるように、組織において人と人を接着剤のようにつなげているのは、①相手の能力を認める→②自分に足りないものを伝える→③お互いに補完し合う、という3つの行動です。これらは順に行うことで「あなたが必要だ」ということが相手に伝わる、3段階のステップになっています。

まずは、相手の能力を認め、それが自分にはない能力だと伝えることによって、補完し合える関係なのが分かります。つまり、「あなたを必要としている」ことが明らかになるわけです。上の例に挙げた「あなたの〇〇なところがすごい」は①、「だから、私を助けてほしい」は②と③の合体型に当たります。

ですから、組織内の人間関係に問題があると感じる場合は、その原因自体を解決・改善することももちろん重要ですが、メンバー全員が「互いに必要とされている」と認識し合える環境になっているか、また、そうした環境をどうすればつくれるのかを考えることが肝要です。

「あなたが必要だ」が伝わる言葉
- 助かったよ、助かるよ
- あなたがいてくれて良かった
- 〇〇なところがすごい

メンバー同士をつなぐ3つのステップ
①相手の能力を認める
②自分に足りないものを伝える
③お互いに補完し合う

能力を褒めるコツ
相手の強みや能力に対して肯定的な言葉を使う。人格や性格ではなく、特定のスキルや能力を褒めるのがポイント。

人間関係における一番の問題は?

人間関係の悩みはさまざまな形で表面化しますが、根本的な問題は「無関心」にあると考えます。

Chapter 00の「04／組織を動かす条件とは」(P.26〜)で紹介した、「組織に必須の3要素」を思い出してみてください。組織に必要なのは、①コミュニケーション、②共通目的、③貢献意欲です。これらを「仕組みで回していくことが重要である」とお伝えしましたね。これらの要素のうち、コミュニケーションの不足も貢献意欲の不足も、無関心によって引き起こされます。つまり、相手に関心がないからコミュニケーションを取りたくないし、貢献したいとも思わない、という状況に陥ってしまうのです。

また、人間関係のもつれの多くが「好き・嫌い」という感情から起こり得ます。「あの人がこう言ったのが気に入らない」「あの人のこういう行動が嫌い」……。こうした問題も、突き詰めれば無関心が原因でしょう。相手の気持ちを考えずに発言するから言葉がきつくなったり、相手が大切にしているものを踏みにじるような行動をしてしまったり。相手に関心があれば、自分の発言や行動によって相手が傷つく可能性があることは分かるでしょう。

組織の人間関係において、最大の問題は無関心です。

そもそも、人と人をつなぐ接着剤は「相手の能力を認める」ことから始まりますので、相手に関心を持たないと認めるべき能力も何も見えてきません。やはり、人間関係においては相手のことを意識的に考えるのが重要、ということですね。

「気を使い過ぎる人」は要注意

実は「人に嫌われたくない」という気持ちの表れかも。相手よりも自分に関心が向いている場合があるので注意。

10 スタッフが定着するサロンと離職するサロンの違いとは?

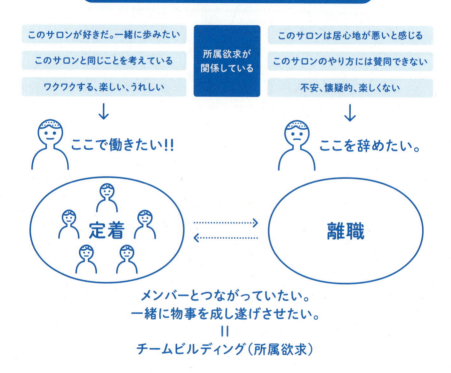

スタッフが定着するか、離職するかは、「所属欲求」が関係しています。そして離職は、スタッフが「この集団に所属していたいか」を考え、「所属していたくない」と判断した場合に起こります(ただし、転居などのやむを得ない理由は除きます)。

「ここに所属していたい」という欲求

「所属欲求」とは、この集団に所属し、メンバーと絆を育んだり、一緒に物事を達成したりしていきたいという欲求のことです。

例えば、「このサロンは居心地が悪い」と感じていたり、組織の方針に納得できていなかったりと、不安や疑念といった「マイナス」の感情が大きくなると、スタッフは離職したいと考えるようになります。

一方、「このサロンが好きだ」、「サロンの方針と同じことを自分も実現したい」、楽しい、ワクワクする、など「プラス」の感情が多くなると、「ここで働いていたい」と考えるようになります。

所属欲求は感情的なもの

所属欲求は、「このチームが好き」「この人たちと一緒だとワクワクする」から、「この組織に所属していたい」という感情によるものであり、「給与がいいから」「労働条件がいいから」といった条件面での利点とは少し異なる性質を持っています。給与などの条件面から「この組織に所属していたい」と思うのは、あくまでそれが自分のメリットになるから組織に残っているだけ。より良い労働環境を見つければ、そちらへ移っていくことでしょう。

ここで言う所属欲求は、自分にとってのメリットと言うよりも、「共感」や「共存」といった感情から来る欲求を指しています。

「ここで働きたい」感情
- このサロンが好き、一緒に歩んでいきたい
- サロンと同じことを考えている
- ワクワクする、楽しい

「ここを辞めたい」感情
- このサロンは居心地が悪い
- この組織のやり方に賛同できない
- 不安、懐疑的、楽しくない

チームビルディングの要

組織への所属欲求に加え、スタッフが「定着」と「離職」のどちらを選ぶかは、「この人と一緒に働きたい」と思えるメンバーがどれだけいるか、また、「このメンバーで○○を実現したい」とどれだけ思えるか、で決まります。これがチームビルディングの基盤となります。

チームとは単なる仲良しグループではなく、同じ目的に向かって互いに切磋琢磨しながら、そして互いに足りない部分を補完し合いながら進んでいくものです。ですから、共通目的がないと成り立ちません。つまり、「チームビルディング」の要となるのは、懇親会やイベントでスタッフ同士の交流を図ることではなく（もちろん、お互いを知る上で交流会は有効ですが）、組織のトップが共通目的、つまりビジョンを明確に示しており、スタッフがそれを理解・共感していることです。チームビルディングは、そこからスタートするのです。

ビジョンは本当に伝わっているか？

思い出してみてください。小学校の全校集会などで、校長先生が壇上で話をします。皆さんは、その話をどれだけ聞いていましたか？ 校長先生には少し申し訳ないのですが、ほとんどの人が聞いていなかったのでは、と思います。しかし、もしも校長先生があなたの教室に入ってきて、同じ話をしたとしたら……？ どうでしょう、全校集会よりもきちんと話を聞く姿勢になっていたのではないでしょうか。

チームビルディングとは
チームの目的や目標、理想などを達成するため、各自の能力やスキルを最大限に発揮しながら、チームをつくり上げていくこと。

「チーム」と「集団」の違い
- チーム…達成したい共通の目的がある
- 集団…特に目的はなく、集まっているだけ

これは、全校集会では誰に向けて語られているのかが不明瞭だったのに対し、教室では「私たちに向けて語られている」ことが明らかなため、同じ話でも頭に入ってきやすくなるからです。この例え話の要点は、ビジョンを伝える際、ただそれを語ればよいということではなく、「あなたに向けて話している」と伝わる環境でないと、スタッフに理解してもらうのは難しい、ということです。

人間的な「好き・嫌い」は要注意

所属欲求は、人間的な「好き」と「嫌い」が高まったときに、定着または離職が起こります。「人として好きな人」が多ければ定着につながり、逆に「人として嫌いな人」が多ければ離職につながるということです。

では、人間的な「好き」を高めて定着につなげればいいのでは、と思いがちですが、実はそうでもありません。「好き」は一瞬にして「嫌い」になり得るため、好きな人同士でチームを固めた場合、何か1つでも「嫌い」と思われる行動をすると、一気にチームはバラバラになってしまいます。

ですから、やはりビジョンへの共感を軸に、「所属していることのワクワク感」や「この組織・メンバーと共存したい」という所属欲求をどうつくっていくかに注力し、チームビルディングを行うべきだと考えます。所属欲求の動機や根拠は人によって異なりますし、ライフイベントが起こった場合にその基準も変わります。サロンのビジョンをはじめ、この組織でしか体験できないものをスタッフと共有し、「ここに所属していたい」という欲求を刺激していきましょう。

定着への鍵＝所属欲求を高める要因
- ビジョンへの共感
- メンバー同士の貢献意欲
＝チームビルディング

11 | 離職を抑えるための条件を教えてください

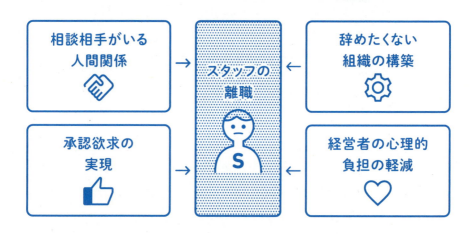

ここで働きたいと思える環境づくり
×
経営者の心理的負担の軽減

　スタッフの離職は、サロンにとって大きな痛手……。それを抑えるには、"離職したくなくなる仕組み"を構築することが重要です。
　その際に、重視すべき項目が4つあります。

離職を抑える4つの条件

スタッフの離職を抑えるには、スタッフが「ここで働きたい」と思える環境づくりに必須となる条件が3つと、そうした仕組みを構築する上で整えるべき条件が1つあります。

① サロン内に相談相手がいること

スタッフが離職を決意する前に、相談できる人がサロン内にいるかどうか。これによって、離職するか、とどまるかのスイッチが切り替わるため、非常に重要なポイントとなります。

通常、離職するかどうか迷っている段階では、家族や友人などサロン外の誰かに相談することが多いでしょう。そこで、もし「じゃあ、次に行ったら」といったアドバイスをもらえば、スタッフの気持ちは一気に離職へ傾いていきます。

しかし、サロン内に相談できる相手がいれば、悩みに理解を示しつつ、「でも、うちのサロンは○○なところがいいと思うな。もう少し頑張ってみようよ」などと励まし、目線を悩みの先に向けてくれる可能性が高くなります。離職を考えるスタッフにとっては、自分の悩みに共感してほしい一方、「一緒に頑張ろう」「あなたが辞めてしまったら困る」といった具合に、引き留めてほしい気持ちもあるはずです。

こうした相談は、同世代の方がしやすいでしょうから、キャリアの近いメンバーを集めた勉強会を定期的に開催するなど、業務内で同世代のスタッフが交流できる仕組みをつくっておくのがおすすめです。

サロン外の人への離職相談

外部の人の場合、状況を正確に把握することが難しく、転職をすすめがち。また、本人も離職へ背中を押してほしい気持ちがあって外部に相談する傾向あり。

② 辞めたくない組織の構築

風土として、「辞めたくない組織」をどう構築していくかが鍵となります。そのヒントとなるのが、前項（P.58〜）でお伝えした「所属欲求」が高まるチームビルディング。ここでのポイントは、経営者だけが取り組むのではなく、スタッフを巻き込みながら、そうした仕組みをつくっていくことです。

なぜ、スタッフを巻き込む必要があるのか、それは、経営者がチームビルディングを主導すると「管理」が軸になりやすいからです。まずは信頼できるメンバーを見つけ、そのメンバーが中心となってサロンの文化やコンセプトに合わせた"辞めたくない組織づくり"に取り組んでいく。誰にとっても「辞めたくない組織」をつくることは不可能ですが、そういう意識を持って組織をつくっていくことが肝要です。

③ 承認欲求を満たすこと

同期のメンバーや身近な先輩に認めてもらえる環境は必須です。お互いを自然に認め合える文化をつくることが、離職を抑える条件の1つとなります。

承認欲求を満たす上で有効なのが、①定期的に表彰の場を設ける、②称賛の関係をつくること、です。①の表彰は、例えば年に1回、「指名売上ナンバーワン」や「お客さま満足度第1位」、「掃除を頑張っているで賞」など、実績や日頃の努力を表彰します。②の称賛の関係は、年齢の近い人同士で普段から褒め合う習慣をつくることです。

ちなみに、各種アンケート調査や街頭インタビュー※によると、若者世代の多くが「人前で褒められたくない」と考えているのだとか。理由は、「目立ちたくない」「恥

スタッフによる仕組みづくり
経営者は「使用者」であり、スタッフは「労働者」。労働者にとっての辞めたくない組織とは、使用者による辞めさせない仕組みによって実現されるものではない。

※若者世代の調査
データの大本は、SHIBUYA 109 lab.による「Z世代の仕事に関する意識調査」。この結果を受けて、各テレビ局などが実施した街頭インタビューからの意見を集めた。

ずかしい」「他の人に陰で何か言われそう」「嫉妬が怖い」といったものが多いそうです。終礼など皆の前で褒めるのではなく、1対1で「今日のあれ、良かったよ」などと伝え合うのがよいでしょう。では、①の表彰式は大丈夫？という疑問が湧いてきそうですが、表彰の場合はすでに結果が出ていることなので批判のしようがないですし、なるべく多くのメンバーを表彰できるよう、賞の設け方を工夫するなど、いろいろとできることはあるはずです。

④ 経営者の心理的負担の軽減

経営者に負担が偏ると、意思決定など本来行わなければならない業務に集中できず、組織のトップにしかできない仕事に支障が出てきます。こうした事態を回避するためにも、経営者の心理的負担を軽減する仕組みを構築することが肝心です。つまり、役割を分担して権限移譲し、他のメンバーに動いてもらうのです。もし、「任せられる人がいない」と思っているのなら、他人に求め過ぎているのかもしれません。経営者自身もスーパーマンではありませんので、自分の弱みを自覚し、それを補完してくれるメンバーを見つけてください。補完し合う関係性を意識すると、誰かしら候補が現れるものです。

以上、スタッフの離職を抑えるための4つの条件について説明してきました。これら全てを完璧に整えるのは難しいかもしれません。ですが、こうして見てみると、どれかはできそうな気がしてきませんか？　できるところから、手を付けていくことが大切なのです。

任せられるところから任せる

失敗してもリスクの小さいものから任せていく。詳しくは、P.88〜の「16／2番手が育ちません。どうしたらよいでしょう？」を参照。

Chapter 01／人が動きだす

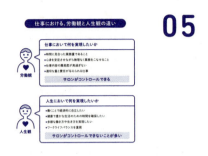

05

スタッフは、働くことに
何を求めているのでしょう？

スタッフの「労働観」と「人生観」を
見極めて、労働観を参考にしよう。

06

スタッフとのミーティングでは、
何を話せばよいですか？

ミーティングの目的により、
「対話」と「合意」を
使い分けることがポイント。

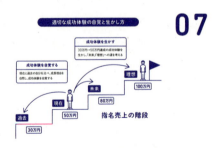

07

スタッフの成長を促す
コミュニケーションの秘訣とは？

「問い」を通じて過去の成功体験を
自覚してもらうと、「未来」へ向けた
成長へのヒントがつかめるもの。

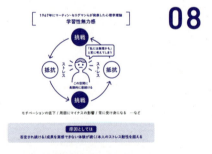

08

スタッフが落ち込んでしまい、
その後、復活しません……

「学習性無力感」に注意。
まずは、スタッフがストレスに
さらされ続けていないか確認しよう。

SUMMARY

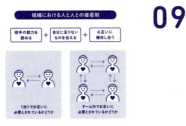

09 人間関係の問題に対する根本的な解決策はありますか?

「あなたを必要としている」
という言葉が、メンバー同士をつなぐ鍵。
最も問題なのは、「無関心」。

10 スタッフが定着するサロンと離職するサロンの違いとは?

「所属欲求」があるかないか。
「ここに所属していたい」と思える
サロンづくりを目指そう。

11 離職を抑えるための条件を教えてください

「離職したくなくなる仕組み」を
構築するための、
4つのポイントを押さえておこう。

Chapter 02

リーダーを育てる

「リーダーは、どうやって生まれるのか」

これは、とても興味深く、特に経営者には関心の高いテーマでしょう。

自分自身が圧倒的なリーダーであれば、自分と同じようなリーダーを育成できるのではないか？
その答えは「No」であると言えます。
リーダーとは、個々に備わった能力を生かし、実際に行動することで頭角を現していくものです。メンバーがその人をリーダーと認めるには、「行動」が欠かせないのです。

ここで1つ、この本を読んでくださっているあなたに問題を出したいと思います。
「あなたにとって、リーダーとはどのような人ですか？」

いかがでしょう？　おそらく、「意見をきちんと言う人」や「頼りになる人」「誰に対しても、対等に接している人」というような、「行動」に関連する姿をイメージしませんでしたか？

リーダーを育てるために必要なのは、「行動してもらうこと」なのです。
その際に必須となるのが、リーダーの資質がある人物を選んだ上で、その人に備わっている能力を可視化し、生かすことです。そのための環境をどうつくるかを考えるのが大切です。

また、リーダーは組織に1人いればよいのか？
この答えも、「No」です。
リーダーはそれぞれのグループ（チーム）に、最低でも1人はいた方が、物事が

INTRODUCTION

スムーズに進みやすくなります。ですから、リーダーを多く育て、人数を増やしていく取り組みはとても重要です。

あなたは、リーダーで居続けることができますか?
リーダーであり続けるためには、自分にとっての「理想のリーダー像」が常に明確であると同時に、時代や組織の変化に応じて、その姿を変えていく柔軟性も備えておかなければなりません。
ですから、リーダー育成においても「たくさん育ったから大丈夫」と安心するのでははく、この先も、より多くのリーダーが活躍できる環境をどうつくっていくかを考え続けることが肝心なのです。

12 | チームがバラバラで、1つにまとまりません……

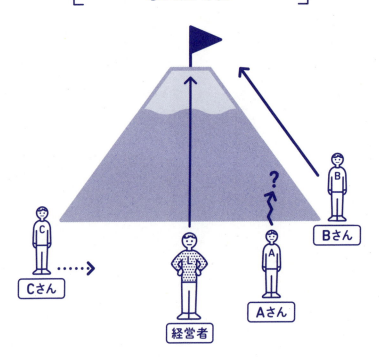

全員が同じ視点で物事を見ていると思ってはいけない

チームをまとめる上で大切なのは、「共通目的（＝チームのゴール）を決めること」とお伝えしました（P.26〜参照）。

では、チームのメンバーは、どこからそのゴールを目指しているのでしょうか？　全員が同じ地点からスタートするとは限りませんよね。まずは、メンバーの現在地を確認しましょう。

メンバーの現在地はどこだ!?

左の図では、Aさんは山の登り方を考えていて、Bさんは全く違う場所から頂上を目指そうとしています。そしてCさんは、まだ登山口にもたどり着いていません。もし、このバラバラの状態のまま、経営者が「さあ、行くぞ!」と号令をかけて登山を開始してしまったら……、誰かが遭難しかねません。いったん集合し、それから皆で登り方を考えた方がいいと思いませんか?

これと同じようなことが、チーム内でも起こります。共通目的を設定したとしても、そのゴールをメンバーが同じ視点で見ている・考えているわけではないのです。「一緒に働いているんだから、だいたい分かるだろう」と思ってしまうかもしれませんが、実は、全く違うところからゴールを目指そうとしていることがほとんどです。新たにプロジェクトを立ち上げたり、チームを組んだりする場合は、この「視点の違い」を理解する必要があります。

視点の違いを理解する

ポジション(アシスタント、スタイリスト、店長など)や年齢(キャリア)、性別などの違いによって視点は異なりますし、同じスタイリストでも、指名売上の高いスタイリストと低いスタイリストとでは、ものの見方は違う場合が多いです。

アシスタントとスタイリストの違いで言えば、アシスタントは通常のアシスト業務に加え、カリキュラムを頑張っています。毎日夜遅くまで練習しているとしたら、ト

視点が違う

同じものを見ているようでも、人によって見え方は変わる。「皆、視点が違うもの」という前提で物事を進めることが重要。

レーニングの疲れが蓄積しているはずです。こうした疲労感をスタイリストは理解しているでしょうか？　一方、スタイリストはお客さまを増やすための努力をしています。休日にSNSを頑張っていることも多いでしょうが、こうしたスタイリストの努力をアシスタントは理解していません。店長だって、経営層と現場の板挟み状態。経営層からは数字について言われ、現場からは大小さまざまな問題があがってきます。このように、皆の状況が異なっているのだから、共通目的に対する見方・取り組み方も違っていて当然でしょう。

メンバーの足並みをそろえる

では、メンバーの視点の違いを理解し、足並みをそろえるにはどうしたらよいか。それは、各メンバーの意見や考え方をストレートに聞いてみることです。そして、そうした視点の違いを踏まえ、同じ方向を向くためにどうしていくかを、メンバーで話し合って決めるのもよいと思います。いったん情報を出し合うことで、それぞれの視点を認め合うことができ、ベクトルを合わせやすくなります。

私も、会議前には必ず「皆はどう思っているの？」などとメンバーに聞いてから、話を進めるようにしています。

「一番先に進んでいる人」は誰か？

新たにプロジェクトを立ち上げる場合などに組むチームでは、キャリアや属性な

視点の違いを知る
お互いに情報を伝え合い、理解し合うことが、足並みをそろえる第一歩。皆の視点を知ると、意外な発見があり、新たな方向性が見えてくることも。

話がかみ合わない店長会議
店長は目先の課題を何とかしようとしていて、経営者はずっと先のゴールを見据えて話している。店長会議あるあるだが、これでは、話がまとまらないのは当たり前。

ど、共通項目の多いメンバーを集めるとスムーズです。もちろん、より多くの視点を取り入れ、多角的に物事を決めていきたい場合はこの限りではありませんが、先に挙げた、アシスタント・スタイリスト・店長の違いを見ても明らかなように、立場の異なるメンバーの足並みをそろえるのは容易ではありません。

そして、プロジェクトには必ず誰か、「これをやろう」と決めてアクションを起こす人がいます。多くの場合は経営者かもしれません。この、最初に動き出す人、皆に「やりましょう」と呼びかける人は、そのプロジェクトについてすでに熟考を重ねており、集まってくるメンバーの視点よりもずっと先に進んでしまっています。ですから、「何も知らない」という状態のメンバーの視点に立って、足並みがそろうようリードしなければなりません。つまり、「ちゃんと説明したのに何で分からないんだ」と腹を立てるのはお門違い。メンバーの視点を無視してしまっているリーダーの怠慢なのかもしれません。

13 | マネジメントと リーダーシップの違いとは？

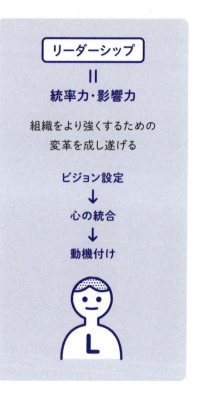

マネジメントとリーダーシップは、チームにとってどちらも不可欠です。どちらかが欠けていれば、チームは成長することができません。また、得意・不得意があるので、役割としては別の人が担当することが望ましいでしょう。

マネジメントとリーダーシップ

『リーダーシップ論』で有名なジョン・P・コッターが主張しているように、まずは「マネジメントとリーダーシップは別物である」ことを理解するのが重要です。

マネジメントとは、組織の人材配置など全体を管理し、複雑な環境にうまく対処しながら、既存のシステムの運営を続けることを言います。
一方、リーダーシップとは、メンバーへの動機付けを行い、影響力を発揮して変革を成し遂げる力のことです。
業務内容で言うと、
- マネジメント…計画の立案と予算策定、組織化と人員配置、組織のコントロールと問題解決
- リーダーシップ…ビジョン設定、心の統合(モチベーション向上)、動機付け

といった具合に分けることができます。
例えば、店長のタイプで分けると、店舗内の人間関係やコミュニケーションを重視する人はマネジメントの能力を使っています。他方、自分の売上を伸ばすと同時にスタッフのモチベーションを高め、業績向上をけん引する人はリーダーシップの能力を使っていると言えます。
このマネジメントとリーダーシップの能力は、使い分けることによって効果が発揮されるものであり、どちらか一方が欠けると成長はストップし、組織は成り立たなくなってしまいます。

ジョン・P・コッター
(1947年-)
リーダーシップ論の第一人者。ハーバード・ビジネススクールで教壇に立つとともに、自身が創設したコンサルティング会社で主張する理論を実践する。著書多数。

組織を前に動かす力と安定させる力

マネジメントとは、既存のシステムの運営を続けることとお伝えしました。言い換えると、マネジメントだけを行っていては「現状維持」になってしまいます。一方、リーダーシップは変革を成し遂げてチームを前に動かす力ですから、リーダーシップがないと、チームは先に進めないということです。では、組織を成長させるには、リーダーシップを発揮してチームをどんどん前に進めていけばいいのかというと、そう単純なことでもありません。

リーダーシップを発揮するとメンバーは高揚し、チームは確実に前に進みます。しかし、「高揚」の後には必ず、その副産物として「不安」が波のようにやってくるもの。そして、不安なときにスタッフは離職します。この「不安」を緩めるのがマネジメントの仕事です。つまり、リーダーシップでチームを躍動させて組織を前進させながら、そこにマネジメントを効かせることで不安要素を緩めていくのです。

組織において、人を動かしていくリーダーシップは絶対に必要です。同時に、そうした変革によって生まれるひずみを緩和し、組織を安定させるためには、マネジメントも不可欠というわけですね。

得意なのはどちらだろう?

マネジメントとリーダーシップには、人によって「マネジメントが得意」「リーダーシップが得意」などと強みに偏りがある点も特徴です。自分はどちらに長けている

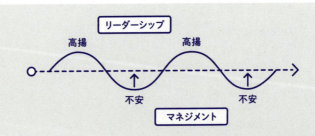

「高揚」と「不安」の関係
リーダーシップによる「高揚」と、その後の「不安」は波のように交互に起こる。この「不安」をマネジメントによって緩和。なお、波のない「凪」は現状維持に当たる。

かを理解しておけば、その能力を最大限に活用することができますし、欠けているもう一方の能力を補う方法も見えてきます。

■ 見分け方
- 計画的に物事を考えるのが得意。スタッフを後方から支えて動かすことが多い
　→マネジメントが得意
- 自分が率先して動くのが得意。その後にスタッフがついてくることが多い
　→リーダーシップが得意

例えば、マネジメントが得意なタイプなら、リーダーシップを他の誰かに担ってもらう体制が理想です。チーム内にはリーダーシップが得意なメンバーがいるはずです。そうして、お互いに補完し合いながら、組織を成長させていくことが望ましいでしょう。なお、マネジメントもリーダーシップも、学ぶことでそれらをある程度使いこなせるようになります。私はマネジメントが得意なタイプですが、リーダーシップの要件を知っているので、それらの理論を駆使して"リーダーシップを張っている風"にしていることはよくあります。

また、スタッフにもそれぞれ得意な能力がありますから、それを生かす環境づくりも大切です。例えば、マネジメント要素が強いスタッフには、1年程度店長を経験させた後、視野の広さを生かしてもらうため、その上のポジションに上げる。リーダーシップ要素の強いスタッフには任期制で2年程度店長を任せ、その後はマネジメントが得意な人にバトンタッチする、といった人員配置も有効です。

リーダーシップの学び方
リーダーシップには「型」があり、誰でもどれかの型に当てはまる。それをベースにリーダーシップを発揮するとうまくいきやすい。

マネジメントの学び方
マネジメントは各種のフレームワークを学び、駆使することで対応可能。それをせずに「過去の先輩の経験則」に頼るのが最も危険。

14 リーダーシップはどうしたら生まれますか?

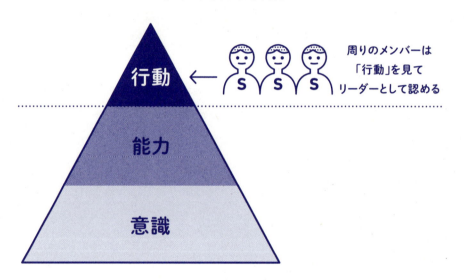

リーダーシップは
意識 × 能力 = 行動

高い能力だけ、または強い意識だけがあっても
リーダーシップにはなり得ない

周りのメンバーは
「行動」を見て
リーダーとして認める

リーダーとしての意識があっても、リーダーシップは生まれません。
そして、その能力だけがあったとしても、リーダーシップは発揮されません。
意識と能力、そして行動が伴ったとき、リーダーシップとなり得るのです。

意識×能力＝行動 → リーダーシップ

皆さんは、どんなときに「リーダーシップ」を感じますか？
リーダーシップのある人とはどのような人物かを問うと、「自分の意見をはっきり言う人」「問題が起こったときに、先頭に立って対応してくれる人」「行動力のある人」「笑顔で支えてくれる人」……といった意見がよく聞かれます。これらの答えから分かるのは、リーダーシップには何らかの行動をイメージする人が多いということ。つまり、リーダーシップは行動にひも付いていると言えます。
リーダーとしての意識を持っているだけでは、相手には伝わりません。また、リーダーとしての能力があっても意識が低ければ、リーダーシップにつながる行動は生まれません。意識と能力が同時に備わることで、適した行動がついてくるのです。この仕組みを理解してリーダーシップのある行動を示してもらうことで、周囲からリーダーとして認められる人材が増えていきます。

リーダーとしての「意識」とは？

意識とは、頭の中で「こうするぞ」と考えている、いわゆる意思のことです。ここでは、主にリーダーとしての考え方と姿勢を指します。リーダーに求められる条件としては、「誰かのために」という思いやりの気持ちや、スタッフの立場になって考えようとする意識がないと、メンバーの信頼は得られません。
例えば、後輩を注意するときに感情をぶつけて怒るのではなく、その後輩が誤っ

意識×能力＝行動
能力が高くても、意識がゼロでは行動につながらない（意識0×能力100＝行動0）。また、その逆も同じ。意識と能力がともにあれば、行動がついてくるもの。

たことをしてしまったという事実を、どうすれば相手が受け入れてくれるかを考えて指摘する。こうした姿勢がリーダーには求められます。

リーダーとしての「能力」とは？

能力とは、実際に活用できるスキルのことです。なお、意識と能力は混同されがちですが、これらは別物です。例えば、「私には熱意があり、チームについて深く考えることができる」、これは能力ではありません。「私は、問題点を論理的に分解して可視化することができる」、これが能力です。つまり、他の人に還元できるスキルを能力と言います。これは、少年漫画の登場人物をイメージすると分かりやすいでしょう。それぞれのスキルをもって敵を倒したり、試合に勝ったりしてチームに貢献していますよね。

先ほどの後輩を注意する際の例で言うと、相手が自らの過ちを認め、行動を正せるよう、その事象や理由を言語化できるスキルが、リーダーに求められる能力と言えるでしょう。

メンバーがいてこそ、リーダーシップは生まれる

リーダーと言うと、「人の上に立つ人」というイメージがあるかもしれません。しかし、ただ偉そうにしているだけではリーダーとは言えません。それは単なる「上司」でしょう。リーダーシップのある行動によってメンバーの信頼を得ることで、リーダー

後輩にとっての「頼れる先輩」
「私に適切な指摘をしてくれる」「私のためを思って行動してくれる」と思うから、リーダーシップを感じるもの。感情をぶつけられるだけでは、そう思うことはない。

についてくる「フォロワー」が生まれます。このフォロワーやチームのメンバーこそが、リーダーをリーダーたらしめる存在なのです。当然のことですが、メンバーがいなければ、リーダーにはなり得ません。

そして、スタッフのリーダーシップを開発するには、「問い」のテクニック（P.46〜参照）が有効です。問いを通じて、意識や能力を可視化する。ただし、こちらから「あなたは○○だからリーダーに向いているよ」などと答えを与えるのではなく、自分の意識や能力に自分で気付いてもらうことが重要です。特に、店長を決める際は、意識や能力を見極めてから任命することをおすすめします。「指名売上が高いから」といった、営業成績だけを基準にした理由では、リーダーシップを期待するのは難しいでしょう。

まとめると、リーダーシップとはつまり、リーダーとして認められるための行動を指し、そうした行動を起こすには、自身の能力を自覚すること。そして、その能力を「誰のために使うか」という意識があることが重要です。行動は、意識×能力で生まれます。そうした行動を見て、メンバーはリーダーとして認めてくれるから、信頼関係が築かれるのです。

「フォロワー」とは?
リーダーの思いに共感してくれる支持者。メンバーの中でも、特にリーダーに厚い信頼を寄せる人。詳しくは、次項で紹介（P.84〜）。

能力の付与
スタッフの能力開発には、他の誰か（例えば経営者など）が持つスキル（やり方など）を教えることから始めるとよい。

15 リーダーにとって、最も大切にすべき人は誰ですか?

リーダーにとって、チームのメンバーは皆、大切な存在ですが、チーム形成において、特に重要な役割を果たす人物がいます。
それが、「フォロワー」です。

「フォロワー」はリーダーの支持者

リーダーの熱い思いに共感してくれるのが、フォロワーです。「フォロワー」というと、最近はSNSでのフォロワーを連想されるかもしれませんね。SNSのフォロワーは、どちらかというと傍観者といったニュアンスの強い存在ですが、ここで言うフォロワーは、「ファン」に近い人たちです。

特に最初のフォロワーは、リーダーのファンとして他のメンバーにもリーダーの思いを伝えてくれる「橋渡し役」となってくれることが多いため、その1人目のフォロワーを大切にすることが重要です。

リーダーにとっての最重要人物

ビジョンを伝えたり、行動でリーダーシップを示したり、リーダーがチームに対する熱い思いを発信し続けると、そうした思いに共感するメンバーが必ず現れます。リーダーは行動によってメンバーから信頼されていることが前提となりますから、こうしたメンバーは自然発生的に出現するものです。それが、フォロワー候補です。そして、リーダーのビジョンや思いを他のメンバーにも伝えようとする人物、それがフォロワーとなります。

冒頭で、最初のフォロワーを大切にしなければならないとお伝えしましたが、チームをつくる上でフォロワーが重要であるだけでなく、万が一、離反した場合に組織にとっての脅威となるのも、実はフォロワーなのです。ミュージシャンのコアなファ

フォロワーがメンバーに火をつける

フォロワーはリーダーの熱い思いを支持するから、それに賛同するメンバーを増やそうとしてくれる。いわば、リーダーとメンバーの橋渡し役。

ンをイメージしてみてください。楽曲の方向性が変わったり、そのミュージシャンらしからぬ演出を始めたりすると、それまで熱狂的に支持していたコアなファンたちは離れていき、にわかファンだけが残ります。

戦国時代においても、武将のそばには必ず熱狂的な支持者がいました。しかし、最も身近であったはずの側近が謀反を起こし、主君が制圧されてしまった、というエピソードも多数残されています。組織においても、これと似たような現象が起こり得ます。

リーダーをサポートしながら共に大きくしてきた組織なのに、目指していた方向性が変わってしまったり、自分はないがしろにされていると思ったりすれば、フォロワーがスタッフを大量に引き連れて離脱してしまう……という可能性は十分あるでしょう。フォロワーは、組織にとって最大の敵にもなり得るのです。そういった意味でも、リーダーはフォロワーを大切にしなければなりません。

フォロワーは何人いてもOK

リーダーは、一方向だけに思いを発信しているわけではありませんので、ある角度から共感するフォロワーもいれば、また別の角度からリーダーに賛同してくれるフォロワーもいるでしょう。フィールドの違いによってフォロワーが何人か出てくる場合も、当然あります。

こうして生まれたフォロワーたちは、次のリーダー候補でもあります。フォロワーの能力を生かしてエンパワーメント、つまり権限移譲を行うことで新たなチームが形

現代は「共感」がカギ
本来、リーダーの行動に追従するのがフォロワーであったが、共感の時代である今、リーダーへの共感がポイントとなる。

成され、そしてまた新たなフォロワーが誕生してチームにメンバーが増えていき
……、そうして組織は拡大し、強度を増していくのです。

> 「私にはフォロワーがいない」と思う場合は……

リーダーをリーダーたらしめるのは、メンバーの存在です。もしも、「フォロワーがいない」と思うのならば、それはリーダーではありません。悲しいことに、メンバーからリーダーと認められていない可能性があります。リーダーシップのある行動を取れていたか、また、ビジョンを伝えきれているか、自らの行動を見直す必要があるでしょう。

**リーダーには必ず
フォロワーが存在する**
リーダーには、自然とフォロワーがついてくるもの。フォロワー候補すら見つからないなら、単なる「集団」になっているのかも……。

16 | 2番手が育ちません。どうしたらよいでしょう？

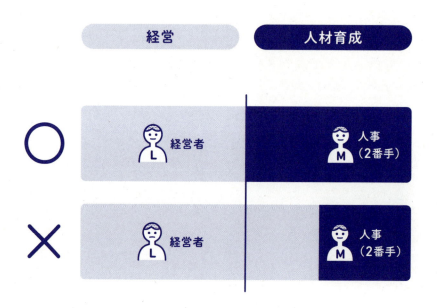

2番手を育てるポイントは、経営に次ぐ重要な仕事を担ってもらい、完全に任せることです。役割分担が明確になるとともに、2番手の権限が増すため、成長につながります。

人材育成を任せてみる

美容室において、最も大切な資産は「人」です。この、重要な仕事である人材育成を2番手（候補）に担ってもらうことをおすすめします。ここで大切なのは、経営者と2番手とで役割を分担するという考え方です。

経営者の仕事は、未来を見てサロンのビジョンをつくっていくことにあります。これは、何が何でも経営者が担わなければならない仕事でしょう。これに次ぐ重要な仕事を2番手に任せるのです。

- **経営者の役割**…経営
- **2番手の役割**…人材育成（経営に次ぐ重要な仕事）

求人→採用→教育、全てが人材育成

私が考える人材育成とは、技術トレーニングなどの教育だけではありません。求人から採用、教育まで、人（＝スタッフ）に関わる全ての業務を「人材育成」と捉えています。そして、美容室の最も大切な資産である「人」を俯瞰的・戦略的に考えられる人物が2番手であるべき、とも考えています。人材育成は大きな領域ですから、やりがいもあります。任された側にとっても、自分がやるべきことが明確になるでしょう。なお、求人から教育までを戦略的に行う人事を「戦略人事」と呼びますが、これは美容室において非常に重要な仕事であるため、次項（P.92〜）にて詳しくお伝えします。

役割を明確に分担する
経営者は「何を任せればいいか分からない」、2番手は「何を任されているのか分からない」というのがよくある問題。任せる分野を決めて、任せてみよう。

サロンにとって大事な仕事を任せきる

2番手に任せる仕事は、必ずしも人材育成でなければダメ、というわけではありません。もしもマーケティングを重視するなら、情報収集に長けた人を2番手としてもいいですし、サロンの売りが技術なら、「テクニカルディレクター」などといった技術のトップを2番手にしてもよいでしょう。サロンが重きを置く物事・テーマによって、任せる分野を決めればよいと思います。

肝心なのは、完全に任せることです。いつまでも任せきれないでいると、単純に経営者の仕事が増えてしまいますし、何より2番手が育ちません。2番手育成のポイントは、とにかく経験・体験してもらうこと。その機会をどう与えるか、が鍵となります。

「任せきれない」と感じる場合は……

とはいえ、「いきなり重要な仕事は任せられない」と感じるのも無理はありません。そんなときは、失敗してもリスクの小さいものから任せていくとよいでしょう。

サロンの内と外で考えると、サロン外の人々が関わる業務の方が影響もリスクも大きくなるため、サロン内のイベントなど、リスクは小さくても他のスタッフを巻き込む形の仕事を任せるのがよいと思います。スタッフを集めてBBQをしたり、フットサルやボウリングをしたり。そうしたイベントの企画から運営の一切を担ってもらう。サロン内での影響力が大きく、やりきったときの充実感を伴うものから、

チャレンジする機会をつくる
2番手と役割を分担し、権限を与えることからスタートしよう。チャレンジできる環境をつくるのがポイント。

任せる分野は何でもいいが……
サロンにとって大事な仕事であれば、2番手に任せる分野は何でもOK。しかし、美容室はやはり「人」。人に関連する業務は、高いポジションの人が担うべき。

まずは任せてみるのがおすすめです。

任せる上での注意点

2番手に任せる際は、任せる範囲や項目を言語化し、明確にすることが大切です。同時に、任せっぱなしにしないこと。ゴールを設定し、必ず進捗を確認します。

ただし、「いつまでにこれをやって、いつまでにあれをやって……」といった、詳細な行動設定を経営者が行うのは避けるべきです。経営者が細かく口を出したくなる気持ちも分かりますが、それは多くの場合、「失敗してほしくない」という親心が働いているからでしょう。しかし、たとえ失敗したとしても、思っているより影響が少なく、リカバリー可能なケースは多いものです。失敗してはいけないのは、大きなお金が関わるものだけ。それ以外は、「失敗して当たり前」という気持ちで構えていてください。優秀な2番手ほど、失敗から軌道修正できるものですし、そうした経験・体験も大事です。ただし、そのまま進めると失敗することが明らかな場合などは、それを本人が理解しているかを進捗確認などで聞いてみるとよいでしょう。

もし、「任せて、うまくいかなかったらどうしよう」「失敗されたくないから、(経営者が)自分でやろう」と思っているのなら、果たして、「自分であれば絶対に成功できるのか」を考えてみてください。自分なら失敗しないとは限りませんし、まだ起こっていないことを心配するのなら、任せて2番手を育てた方がいいと思いませんか?

2番手にふさわしい人物とは?

トップのビジョンに共感する人のうち、批判的思考を持つ人材が理想。トップの考えに納得がいかない場合、それを指摘し、問える人でないと、議論が成長しない。

17 | 戦略人事について詳しく知りたいです

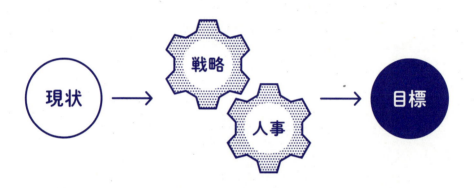

［ 戦略人事の役割とは
採用や人材の育成・配置など、人事全般を戦略的に思考し、
組織の生産性を高めていくこと ］

**人と組織の
両面を見ていく**

もし、「来年は何人採用すればいいかな?」とあなたが尋ねたとき、「○○人がいいと思います。なぜなら……」と、採用すべき人数とその根拠を提案してくれるスタッフがいたとしたら、どうでしょう? 頼もしいと思いませんか?
それが、「戦略人事」です。

戦略人事とは？

人事というと、求人〜採用、そしてメンバーの人員配置を行う業務をイメージするでしょう。それが、一般的に言うところの「人事」です。

「戦略人事」とは、求人や採用に加え、人材の育成・配置なども含めて人事全般を戦略的に思考し、組織の生産性を高めていくことを言います。つまり、組織の目標に対する現状を理解した上で、目標の実現までに起こり得る課題に備え、そしてクリアするため、人事を戦略的に考えながらアクションを起こしていくのです。

ですから、スタッフを採用して終わり、ではなく、「目標に対して彼ら・彼女らがどう成長していくか」までを考え、人材を最大限に生かすことを目指すのが、戦略人事です。

美容室こそ、戦略人事が必要

前項（P.88〜）でもお伝えしたように、美容業において最も大切な資産は、「人」です。その重要度の高さゆえ、経営者自らが人事を担っているケースも多いのでしょう。しかしながら、非常に重要な仕事だからこそ、戦略人事として組織のナンバーツー、つまり2番手に担ってもらうべきだと、私は思うのです。

私は常々、美容室の経営・運営においては、経営者ができてしまうことが多過ぎると考えています。経営者が全ての重要な業務を抱え込むことで、その弊害も起きてくるものです。組織のトップとして経営者が担うべき最も重要な仕事は、言うま

人事のエキスパート

求人〜採用〜人材育成までを俯瞰し、人事を戦略的に考える「戦略人事」は、いわば人事のエキスパート。人が資産である美容室において、経営に次ぐ重要な仕事。

一般企業では……

人事を専門的に扱う役職のため、「最高人事責任者」として、CHO（Chief Human Officer）またはCHRO（Chief Human Resource Officer）と呼ばれる位置付け。

でもなく「経営」です。ビジョンを語り、経営戦略を立てて資金をどう動かしていくかを考える。ここに人事まで担ってしまったら、どこかにひずみが出て、組織が回らなくなるリスクもあるでしょう。

そこで、戦略人事を2番手に任せることで経営者は経営に集中し、2番手は組織の人材戦略を考える。経営者と近い視点で組織の戦略を考えられるメンバーが運営に加わることは、経営者にとって、また組織にとってのメリットでもあります。

普通の人事と戦略人事の違い

例えば、経営者から「来年は3人採ろう」と言われて、そのまま3人採用するのは戦略的ではありません。戦略人事では、「現状、スタイリストは○○人いるから、全部で○○人必要だな。いつまでに○○人をデビューさせて……」と育成のプランを具体的に考えながら採用していきます。具体的な例を見てみましょう。

■ **現状**
- 計3店舗でスタッフ数は計15人(各店5人／各店ともスタイリスト3人、アシスタント2人)。

■ **採用計画**
- 来年度は、各店で1人ずつ採用したい(計3人)。

重要な仕事の役割分担
- 経営者…ビジョンや経営戦略に基づき、カネの使い方を考える
- 戦略人事…目標と現実のギャップを埋めるため、ヒト全般の戦略を考える

■ 普通の人事の行動
- 3人採用する。

■ 戦略人事の視点と行動
- 現在のスタッフ15人に離職の可能性はあるかを調べる。
  →離職しそうなスタッフが1人いるなら、計4人の採用を提案する。
- 計画よりもスタイリストデビューが遅れているアシスタントが1人いる。
  →アシスタントが多くなってしまうので、計2人の採用を提案する。

普通の人事担当者は、経営者の指示をそのまま実行するのに対し、戦略人事はサロン全体の人材を俯瞰し、起こり得る問題を想定しながら採用計画を経営者に提案します。

このように、人事全般を戦略的に考え、組織の生産性を高めていくこと、つまり、経営戦略と連動し、人の価値を高めていくことが、戦略人事なのです。

**戦略人事を
評価する際は……**
組織の生産性とひも付けて評価するのがおすすめ。採用人数で評価すると「〇〇人採用すればいい」という思考に陥りやすいため。

18 | 求人〜採用〜人材育成を うまく回すには……?

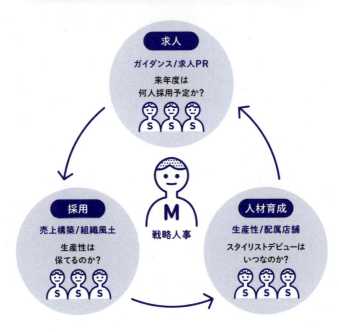

このラインを把握でき、流れを指示できる人が必要

　求人〜採用〜人材育成と、人に関わる全てを戦略的に思考し、生産性を高めていくのが戦略人事の仕事とお伝えしました（P.92〜参照）。
　ここでは、その具体的な運用方法について解説していきます。
　ポイントは、求人〜採用〜人材育成の流れを循環させることです。

求人〜採用〜人材育成を循環させる

まずは、求人・採用・人材育成の役割を整理しましょう。
- **求人**…外部へ向けて求人情報を発信し、スタッフ候補となる人を集める
- **採用**…自店のカルチャーや価値観に合う人を選ぶ
- **人材育成**…教育を施し、美容サービスを提供する人を育てる

業務の内容で言うと、求人〜採用までを1セットとし、人材育成を別に考えるケースが多そうです。採用するまでは"外の人"、採用してからは"中の人"となるため、そのような考え方が根強いのかもしれません。しかし現実には、スタッフを採用したら、そこからが本番です。求人〜人材育成までを1つの流れとして捉えることが前提となります。

求人と採用はチームを分けよう

人材を集めようと思ったら、チームを組んで求人と採用を行うケースが多いですよね。中には、経営者が採用を行っているサロンもあるでしょう。この、リクルートチームが求人〜採用を一連の流れとして担う場合の問題点は、求人と採用担当者が同じだと、「頑張って求人したのだから、採用したい」といった具合に判断が傾きやすいことです。人手不足が叫ばれる昨今、せっかくサロンに興味を持って応募してくれた候補者を逃がすわけにはいかない、という心理も働くでしょう。
しかしながら、採用にはコストがかかります。サロンの価値観やビジョン、カル

チャーに合った人材なのか否かを冷静に見極めなければなりません。そこで、求人チームと採用チームに分けることで、そうした適性判断を的確に行うとともに、それぞれの業務に集中し、双方の効果を高めていくのです。

求人チームは、主に美容学校でのガイダンス参加やSNSでの発信といったPR方法を中心に、人を集めることを考えます。そして採用チームは、面接などで適性を見極めて人を選ぶと同時に、採用した後のことも考える。その人を採用した場合の生産性への影響や、配属店舗をイメージできるか、などを総合的に判断し、採用するかどうかを決めていきます。

「人材育成」の仕事は多岐にわたる

人材育成と言うと、真っ先に技術教育を思い浮かべるでしょう。トレーニングは美容師を育てる上で重要な業務ですが、実際に教えるだけが仕事ではありません。その他にも、カリキュラムの構築やスタッフのメンタルケア、キャリア支援。教える分野も、技術に加え、接客やSNS活用、セルフブランディングなど多岐にわたります。カリキュラムの進捗確認や各スタッフのフォローなども欠かせません。これら全てを1人で行うのは難しいため、チームを組んで人材育成を進めましょう。

全体を統括するのが戦略人事

ここまで読んで、「あれ？」と思った皆さん。「戦略人事が求人〜人材育成を担うの

人材育成チームの役割分担
カリキュラム構築、技術トレーニング、セルフブランディング、メンタルケアなど、教育の分野ごとに役割を分担するとよい。

それぞれの人材育成
人材育成には、サロンの特色が最も表れる。技術トレーニングに外部アカデミーを活用するケースもあるが、戦略人事による管理・監督は必須。

ではなかったの?」と思いましたよね? 戦略人事は、求人〜採用〜人材育成、これら全てを統括する役目となります。

各チームは独立した存在ですから、まとめる人がいないと連携が取れません。戦略人事が音頭を取って人に関わる全体の流れを管理することで、求人〜採用〜人材育成の効果を高め、「人」の価値を最大化していくのです。

一連の流れで考えると、循環が生まれる

冒頭、求人〜採用〜人材育成の流れを循環させることがポイントとお伝えしました。求人〜人材育成までを流れで考えていくと、今後のプランが見えてきます。例えば、スタイリストデビューまでに何年かかるのか。2年後のデビューが見込めるなら、その時期に新たにアシスタントを採用すべきかどうか。そのとき、サロンの生産性は保てているのか。スタイリストが急成長して売上がぐんぐん伸びているのなら、アシスタントの人数を増やした方がいいのか、など、検討すべき事柄はさまざまです。そうして、想定と現実の状況を照らし合わせ、時にはプランを修正したりしながら、求人→採用→人材育成→求人……と、循環させていくのです。

ただでさえ採用難の今、とにかく人を採ることに力を入れたくなる気持ちも理解できますが、「採用さえできれば何とかなる」と思っていると、だいたい失敗します。求人、採用、人材育成とピンポイントで捉えるのではなく、人にまつわる動きを一連の流れで考え、プロセスを循環させていきましょう。

チームと戦略人事
求人・採用・人材育成チームは部門別に動くもの。戦略人事がそうした全体の流れを俯瞰し、戦略的にチームを動かしていく。

19 | スタッフに店長職を打診したら、断られました……

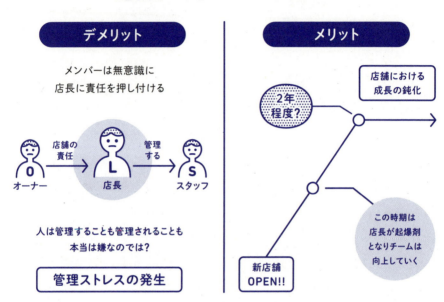

店長は2年制がベストかも？

店長の仕事とは、いったい何なのでしょう……？
店長の仕事は本来、サロンが店長に何を求めているかによって変わるべきものと考えます。その役割や責任の範囲が明確でないから、苦しくなってしまう店長が少なくありません。

店長に責任を押し付けていないか？

最近、「店長をやりたくない」という人が増えています。現代の若者は、ポジション（地位）による承認欲求が低い傾向にある上、店長の役割に対する周囲からの期待が大き過ぎて、「プレッシャーに耐えられない」といった心理が働いているのではないかと思います。実際、店長というポジションは、年数を重ねるにつれて店舗運営の雑務に追われる仕事になってしまっています。これが、問題なのです。

管理する側・される側の「管理ストレス」

店長は、サロンから店舗運営を任され、さまざまな業務の責任を負っています。それゆえ、メンバーを管理しなければならない立場となってしまうことが多いものです。しかし実は、人は管理されることも、管理することも、本来好まない生き物なのかもしれません。そこに、管理すること・されることによる「管理ストレス」が発生します。店舗運営でよくあるのは、何かしらのルールやノルマを決めてスタッフに業務を実行してもらい、それが守れない・達成できない場合に罰則や警告、注意を与えるというやり方です。しかし、店長はスタッフに嫌われたくないために罰則や注意を与えることを避けてしまい、決めたはずのルールが緩くなってメンバーはバラバラ。店舗の実績も伸びずにサロン（経営層）からは叱責され、スタッフからはうまくいかないことの責任を押し付けられて、店長は疲弊する……というケースは少なくありません。

店長にかかる負担
上からは「店舗の売上を伸ばしてくれ」「スタッフを育ててくれ」という重圧、下からは「店舗の責任は店長が取るもの」という押し付け。板挟み状態になりやすい。

管理ストレスとは？
管理すること・されることに対する心理的なストレス。管理する側・される側の双方に発生するのが特徴。離職にもつながりやすい。

これが、店長という役割をあやふやにしている原因でもあります。そもそも、サロンが店長に何を期待して選任しているのか、これが明確であれば、先述の例のように店長が疲弊する理由などないのです。

店長の役割とは何か？

私の場合、店長に期待する役割とは、新店オープン時に店舗を盛り上げる起爆剤となってくれることです。集まりたてのメンバーは皆バラバラですから、彼ら・彼女らをまとめるリーダーが必要ですし、メンバーのモチベーションを上げるためにも店長はいた方がいいと考えています。つまり、リーダーシップかマネジメントかで言うと、私が店長に求めるのはリーダーシップです。

そこで私の運営するmeltグループでは、リーダーシップを存分に発揮してもらうため、店長という役職に任期を設け、2年制とすることにしました。だいたい、店舗オープンから2年程度でスタッフも売上も安定し、3年目に入るころには店舗全体の成長は鈍化するものです。それ以降、店舗にはマネジメントが必要になってきます。マネジメントに移行する前に、任期を終えた店長には別のポジションに就いてもらうのです。店舗では、メンバーがそれぞれのスキルを補完し合いながらチームを構築していくようになりますし、新たな役職に就いた前店長も、個人の能力を生かしながら別の形で店舗・チームに貢献してくれるようになります。

ただし、これはあくまでmeltグループのやり方です。全てのサロンに私たちのやり方が合うわけではありませんし、meltには、これまで築き上げてきた土台があ

能力を生かそう
店長は、売上の高さではなく能力で選ぶのが前提。また、その能力を生かすために店長よりふさわしいポジションがあれば、そちらに就けるべき。

任期があると……
店長を任期制にすると、本人も「○年頑張ろう」などと気持ちがラクになるもの。店長を入れ替えて置き続けるにしても、任期制は一考の価値あり。

るから、この方法でうまくいっているのだと思います。
　私がここで言いたいのは、サロンが店長に何を求めているのか、店長の役割を明確に定義する必要がある、ということです。店舗の管理を期待するなら、店長の心理的負担を軽減するための仕組みを構築するなど、工夫しながらサロンに適した形を見つけていけばよいでしょう。

自分の責任は自分で取るもの

「店舗で起こったことの責任は店長が取るもの」という風潮も、店長を苦しめる一因です。店舗のメンバーは、「店長なのだから」「そのために手当をもらっているのだから」などと、自分が起こした問題も含めて全ての責任を無意識に店長に押し付けようとするものです。「誰が責任を取るんですか？」といった発言は、まさにそのような思いの表れでしょう。
　こうした風潮をなくすには、自分が起こした問題には、スタッフが自分で対応するのを基本とすることです。お客さまからクレームが入ってしまったのなら、それを店長に謝ってもらうのではなく、まずは担当スタッフが自分で謝罪する。「担当者はあなたなのだから、あなたが対応するのが当たり前」という空気をつくっていくのです。「○○さんがやってくれると助かるな」などと、最初は優しく伝えるとよいでしょう。すると、自分の責任は自分で取ることが当たり前になってきます。そして、本人だけで対応できなかった場合に、店長（や経営者）がトラブル対応に当たる。そうすれば、メンバーの中にも店長への感謝の気持ちが膨らんでいくものです。

店長への期待を伝える
「チームをまとめるスキルが高いから」「メンバーをやる気にさせるのがうまいから、店舗の売上も伸ばしてほしい」など選任の理由を伝えれば、すべきことが明確に。

20 | 結果が出ていなくても、頑張ったことを評価したいです

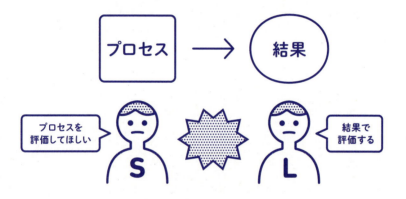

プロセスと結果

人は「プロセスを評価してほしい」と強く感じるもの。
しかし、プロセスの評価は非常に困難……

プロセス → 結果

S：プロセスを評価してほしい
L：結果で評価する

結果で評価すべきだが
プロセス評価から生まれるものもある！

人は、「頑張った」という事実や、そのプロセスを評価してほしいと思うものです。しかし、プロセスの良しあしや努力の度合いは本人にしか判断ができないため、評価に結び付けるのは非常に難しいことでもあります。けれど、そうしたスタッフの思いを無視するのもなあ……。ここに、経営者としての葛藤が生まれるものですね。

プロセスでの評価VS結果での評価

「苦労した分だけ、評価してほしい」「スムーズに進められたことを評価してほしい」——、こうしたスタッフの気持ちには、「頑張ったことを認めてほしい、褒めてほしい」という思いが隠されています。経営者としても、できることならスタッフの努力を認め、評価してあげたい気持ちはあるでしょう。

しかし、実際に頑張っているかどうかは、本人にしか分からないもの。本人は頑張っているつもりでも、周囲からはそう見えなかったり、逆に、とても頑張っているように見えるけれど、本人はそうでもなかったり。客観的な視点からプロセスを正しく評価するのは非常に困難です。だから多くの場合、結果での評価を重視することになるわけですが、ここに、評価する側・される側の思いや考え方に乖離が生じてしまうのです。

評価制度には組織の姿勢が表れる

経営的な視点から言えば、「結果」には、目標に対する達成度や売上といった成果が数値などの目に見える形で表れるため、結果で評価するという考え方は正しいです。評価される側にとっても、すでに結果として出ている実績を基に評価されるわけですから、ある程度の納得感はあるでしょう。ただし、結果のみでの評価におけるデメリットは、成果を上げることだけが目的となり、それ以上のものが生まれにくくなってしまう点です。

評価軸の違い
- 結果…目標に対する達成度や売上、業績など。
- プロセス…行動、努力、進め方など。

では、スタッフの気持ちに寄り添い、モチベーションを上げるためにプロセスで評価すればよいのかと言うと、答えはNOです。それでは、成果が伴わなくても評価されることになってしまうため、おすすめしません。スタッフに「成果を上げなくても、頑張れば評価してもらえる」と思われてしまうと、実績向上には結び付きにくくなり、組織を強くすることはできなくなります。

評価制度には、組織が何を重視しているかという姿勢が表れるものです。とにかく成果を出してほしいなら、100パーセント結果で評価するという考え方もありでしょうし、成果を出すことに加え、別の何かをスタッフに求めているのなら、結果+プロセスで評価するのもありです。そうした考え方は組織によって異なるものでしょう。いずれにせよ、肝心なのは「何で評価するか」を明確にしておくことです。

プロセスを言語化・可視化する

プロセスでの評価が難しいのは、その良しあしや努力の度合いを判断できるのは本人だけだから、という理由でしたね。つまり、スタッフの行動を可視化することができないためです。しかし、プロセスを言語化し、各スタッフがそれを主張することができれば、プロセスによる評価は不可能ではありません。

私がおすすめしたいのは、スタッフの行動を数値化し、見えるようにすることです。例えば、SNSでの集客を頑張っているのなら、「30日間で、30スタイルを投稿しました」などと、数字を用いて行動を言語化してもらうのです。「SNSでの集客を頑張りました」という漠然とした報告よりも、格段に分かりやすくなると思いませんか？

結果による評価
- メリット…絶対的な軸（対象）があるため、非常に明瞭。
- デメリット…成果至上主義になりやすい。「実績」以上の可能性が生まれない。

プロセスによる評価
- メリット…スタッフのモチベーションアップにつながる。新たな気付きを得られる。
- デメリット…「成果を出さなくてもよい」という風潮が生まれる。

行動を言語化すると次の目標が見えてくる

こうしてスタッフに自身の行動を言語化してもらうことは、教育的なメリットもあります。例えば、美容師にとって、リピート率はお客さまからいただく評価です。このリピート率が下がったとしたら、自らの行動を振り返りながらその理由を探っていくわけです。

■ 事実
先月は100人に入客した。100人全員に気を配っていたつもりだったけど、リピート率が下がってしまった。

■ 振り返り
もしかしてきちんと提案できていなかったかも。100人のカウンセリングがおざなりになっていたかしら?

■ 行動目標
今まで、カウンセリングにはそれぞれ3分ぐらいしかかけていなかったけれど、今度からは10分ぐらいかけてみよう。

自らの行動を言語化していく中で、何らかの気付きがあるものです。これを次への行動目標として生かせば、スタッフの成長につなげることも可能です。

結局、どうすればいい?
結果による評価は絶対に必要。ただし、一部にプロセスによる評価を活用すると、スタッフのモチベーション向上や成長につながりやすい。

21 | 手当額は、どういうプロセスで決定しますか?

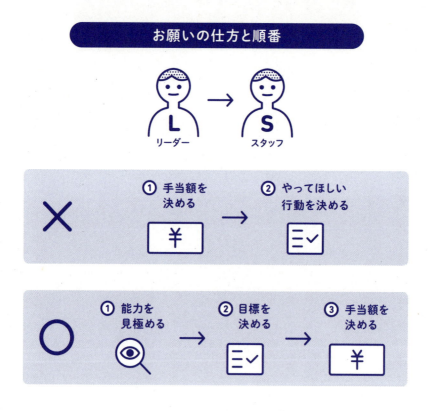

手当とは、基本給以外の賃金のことです。ここでは、主に役職や業務内容によって加算される「役職手当」について、金額決定のプロセスを解説していきます。

金額が先か、行動が先か？

一般的には、例えば店長への手当は3万円、などと役職ごとの手当額をあらかじめ決めておき、役職に就いたメンバーにその金額を支払う、というケースがほとんどでしょう。これは、手当額を決めてから「店長をやってほしい」と伝える、つまり、店長に望む行動を決める前に、手当額が決まっている、という状況です。左の図で示した「×」のプロセスに当たります。

一方、私が強く推したいのは、図の下にある「○」のプロセスです。

スキルありきで、行動策→手当額の順に決める

私がおすすめする手当額決定のプロセスは、
① スタッフのスキル・能力を見極める
② スキルを使って「やってほしいこと（＝目標と行動）」を決める
③ スキルを活用することで得られる成果を予測し、手当額を決める
というものです。

例えば、教えるのが上手なAさんに店長をお願いしたい場合、
①「あなたはカットが上手で、人に教えるスキルも高い」
②「その能力を使って、メンバーにカットを教えてほしい」
③「カットがうまくなれば、メンバーのリピート率は今よりも○％ぐらい上がると思う。だから、手当額は3万円がいいと思うんだけど、どうだろう？」

「手当額を先に決めるのが当たり前」と思うなら……
「役職が上がる＝手当額も上がる」という先入観にとらわれているのかも。改めて、お金の使い方を考えてみたいところ。

といった具合に、Aさんの能力を使って取ってほしい行動を伝え、その成果に見合う手当額を決める、というものです。こうした手当額決定のプロセスは、多くの上場企業などで新たに役員を迎える場合に用いられている手法であり、特殊なものではありません。

金額分だけ働こう、という心理

「✕」のプロセスのように先に手当額が決められていると、「その金額の分だけやればいい」との心理が働くものです。店長手当が3万円なら、3万円分の働きしかしない、ということですね。さらに、人によって「3万円分」の価値観は異なるため、その人が「私にとっての3万円分はこれくらい」と思う業務量が、経営者側の想定する3万円分に満たない可能性もあるわけです。

対して、「〇」のプロセスの場合は「あなたはこれくらいの可能性を持っていて、サロンの実績をこれくらい伸ばせると思うから、3万円」というプロセスで手当額を決めています。前者とは全く意味が異なるのは明白でしょう。

加えて「〇」の場合、同じ店長でもA店の店長（Aさん）とB店の店長（Bさん）とでは、スキルの違いやそれによってもたらされる（と予測する）効果の違いにより、金額に差が出ることもあり得ます。もしも、Aさんから「なぜBさんの方が手当額が高いのか」と問われたら、「Bさんの〇〇な能力を活用することで、Aさんの店舗よりも高い売上が見込めるため」と答えれば、説得力もあるでしょう。

一方、「✕」の手当額を先に決めるケースでは、AさんもBさんも一律の手当額とな

意欲を削ぐお金の使い方
せっかく手当を支給するのに、「金額分だけ働こう」と思われてしまうのはもったいない。スタッフの意欲を向上させるお金の使い方を目指そう。

手当額を決める際の注意点
行動→手当額決定のプロセスには、ほぼデメリットなし。注意点は、条件としての期待値を上げ過ぎる（ほめ過ぎる）と、重圧となる場合もあること。

るため、能力の高いBさんがAさんの能力に合わせてしまう、という現象が起こり得ます。Bさんが「Aさんと同じ金額なら、そんなに頑張らなくてもいいんだな」と思い、その能力が十分に発揮されなくなってしまう危険性もはらんでいるのです。

能力・スキルを見極めるには？

スタッフのスキルを見極めるには、普段の行動に着目すると分かりやすいでしょう。例えばコミュニケーション能力なら、他のスタッフと話している光景やミーティングでの様子などを見ていれば、おおよその判断はつくものです。

ただし、サロンの規模が大きくなってくると、普段の行動を目にする機会も減ってしまいますね。そんなときは、スタッフ間で使用しているコミュニケーションツール（LINEやスラックなど）があれば、その中でのやりとりに注目してみてください。例えば、「勉強会を開催します。参加したい人はいますか？」といった発言に対して、多くのメンバーが反応しているなら、その発言者は普段からメンバーに教えるという行動を取っていることが推測できます。また、誘い方など文章の書き方からは、コミュニケーションスキルを把握できるでしょう。

能力のアセスメントにおいて最も問題なのは、キャリアやスタイリストとしてのランクで決めてしまうこと。トップスタイリストだから、キャリアがあるから教え方もうまいはず、などと安易に決めてしまうと失敗します。

プロジェクトにおいては……
新規プロジェクトなどにも、手当額決定のプロセスは活用可能。ただし、手当支給を検討すべきはリーダーのみ。メンバーには非金銭的報酬を活用したいところ。

22 | 降格させたら辞めてしまうのでは……?

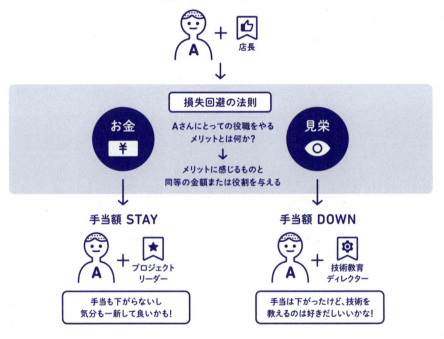

いったんはスタッフに役職を与えたけれど、実績が伴わない、もしくはその役職に見合うだけの仕事をしてくれなかった場合、当然、降格という判断も選択肢の1つとなるでしょう。

しかし、降格によってスタッフのやる気が大幅に削がれてしまう恐れも……。
ここでは、降格に見えないポジションチェンジのポイントを解説します。

降格ではなく、ポジションチェンジ

スタッフを降格させる際には、実質的には降格でも、そうは見えない「ポジションチェンジ＝役職変更」をおすすめします。

このときに参考にしたいのが、「損失回避の法則」という心理学の理論です。これは、「人は、得をするよりも自分が損をすることに敏感である」と説いた理論で、つまりは、「得をするよりも、損をしないことを選ぶ」という人間の心理を表しています。例えば、「コイントスをして、表が出れば1万円を差し上げます。しかし、裏が出れば0円。コイントスをしないなら5,000円をプレゼントします」という賭けをする場合。よほどのギャンブラーでない限り、ほとんどの人は「コイントスをしない」を選ぶそうです。損をしたくないから、100％の得を見込める選択をするわけですね。すなわち、人は無意識のうちにあらゆる物事をてんびんに掛け、常に損得を計っているのです。この法則をポジションチェンジ（降格）の際にも活用し、当該スタッフが「役職を務めるメリット」として感じているものを損なうことなく、役職と手当額をコントロールしていきます。

> **Aさんが店長を務めるメリットは？**

左の図のAさんのケースで見ていきましょう。Aさんは現在店長で、経営者はAさんを降格させたいと考えています。

もしも、Aさんが店長を務めるメリットを「お金」だと感じているのなら、手当額はそ

損失回避の法則
ともに心理学者であり行動経済学者のダニエル・カーネマンとエイモス・トベルスキーが1979年に提唱した「プロスペクト理論」に含まれるモデルの1つ。

のままに、役職を変えれば（例えばプロジェクトリーダーなど）、Aさんは「損をした」とは思いません。

一方、Aさんがスタッフや外部への見え方といった「見栄」を店長のメリットと感じているのなら、手当額を下げたとしても、店長と同等か、またはAさんの見え方がより良くなるポジションに変えれば（例えば技術教育ディレクターなど）、Aさんが「損をした」と思うのを回避することができます。

なお、お金重視のAさんには店長と同じ手当額を支払うことになるため、店長よりもやや多めの業務量を与えておかないと、組織が損をすることになりますのでご注意ください。

なお、避けるべきなのは、店長から副店長に降格させ、手当額も下げることです。これでは、お金も見栄も損なわれ、離職危機が迫ってくるでしょう。

「お金」か「見栄」かの見分け方のヒント

何に役職のメリットを感じているかは、隠れた欲望でもあるため、なかなか表面化しにくいものではあります。けれど、スタッフをよく観察することで、ある程度の推測が可能です。考える際のヒントとして、役職に関連する主な「欲求」のパターンを知っておくと、推測しやすくなります。

- 経済的報酬…「給与が上がる（お金）」
- 承認欲求…「人から認められたい」
- 貢献意欲…「誰かの役に立ちたい」「感謝されたい」

「経済的報酬」重視が多い

傾向としては、役職のメリットに経済的報酬を重視する人が多い。承認欲求との複合的なケースもあるが、最上位に経済的報酬が来る場合がほとんど。

最後の「貢献意欲」に関しては、「誰かの役に立ちたい」という気持ちが強いため、手当額や見栄よりも、周囲との信頼関係を重視する傾向にあります。このタイプのスタッフに対して、皆の前でミスを指摘したり、叱責したりすると、スタッフからの信頼が損なわれてしまう（と本人も感じてしまう）ため、避けるべきです。

人格を否定しないこと

降格やポジションチェンジは、就けた役職にその人の能力・スキルが適していないために実行されるものです。くれぐれも、「あなたは店長に向いていない」などと、その人が頑張ってきたことや、人格そのものを否定しないよう、注意してください。

そして、役職に求められる能力に対して、自分の能力が見合っていなかったことを本人に自覚させます。失敗してしまった場合は、なぜ失敗したかを問いましょう。

店長：「スタッフを傷つけてしまいました。僕、店長に向いてないんです」

経営者：「どういうところが向いてないと感じるの？」

店長：「スタッフへの注意の仕方がきつくなってしまうんです」

経営者：「それはスタッフをよく見ているからでは？」

店長：「そうかもしれません」

経営者：「ならば、〇〇のポジションの方がいいかもね。その役職なら……」

こうして、問いを通じて新たなポジションの提案につなげていくとよいでしょう。

「おせっかい」に注意

貢献意欲が強過ぎる人は、実は単なる「おせっかい」かも。周囲から感謝されているかいないかが見分けるポイント。皆に煙たがられているなら、降格させて様子を見よう。

23 | お金以外の報酬には何がありますか？

得られる報酬が多いとモチベーションが上がったり、逆に少なければやる気も下がったり。人のモチベーションは、報酬に左右されるものです。
この「報酬」を理解することで、モチベーション向上へのヒントが見えてきます。

「報酬」はお金だけじゃない

報酬には、考え方によっていくつか分類の仕方があります。

まずは、お金かそうでないかで分ける「金銭的報酬」と「非金銭的報酬」。金銭的報酬は、そのまま「お金」のことであり、非金銭的報酬とは、お金ではない報酬、つまり、「誰かに認められたい」という気持ちを満たすものや、「誰かの役に立ちたい」という意欲を満たすものを指します。左の図で言うと、「経済的報酬」は金銭的報酬、「社会的報酬」と「第三の報酬」は非金銭的報酬に当たります。

経済的報酬の代表格は給与やボーナスなどの賃金ですが、給与をもらいながら休暇を取得できる「有給休暇」もこれに含まれます。「報酬」と聞いてまず思い浮かべるのは、この経済的報酬でしょう。

もちろん、経済的報酬はスタッフのやる気を大きくアップさせるものです。しかし、モチベーション向上に寄与するのは、これだけではありません。

もらってうれしい「社会的報酬」

社会的報酬とは、「誰かに認められたい」(承認)、「誰かに褒められたい」(称賛)という欲求を満たすことで喜びを感じるというものです。誰かに褒められたり、感謝されたりすれば、うれしくない人はいないと思います。サロンが感謝や称賛、承認にあふれた環境であるなら、周囲から日常的に受け取っている報酬と言えるでしょう。逆に、メンバーと仲が悪くて「ほぼ話さない」といった環境では、なかなか

お金か、そうでないか
- 金銭的報酬…賃金など「お金」としてもらえる報酬。
- 非金銭的報酬…周囲からの感謝や称賛、やりがいなど、「お金」ではない報酬。

受け取れない報酬と言えるかもしれません。

この社会的報酬は自分以外の誰かから得るものであり、先述の経済的報酬も勤務先のサロンなどから得るもののため、これら2つは外部から与えられるという意味で「外発的報酬」と呼ばれます。

そして最近、自分の内部から湧き起こる感情によって自らを満たし、それを報酬とする「内発的報酬」が注目されるようになりました。これが、P.116の図にある「第三の報酬」です。

特定の誰かに向けた「役に立ちたい気持ち」

第三の報酬とは、「○○さんのために役に立ちたい」などの考えから行動することで得られる報酬、つまり満足感を指します。対象者が限定的で、特定の誰かに向けた思いであることが特徴です。P.116の図に示したように「ボランティア活動」がこれに当たりますが、例えば、先輩が後輩のためを思って業務の範囲外でも技術を教えることも、第三の報酬となります。

「第三の報酬」でモチベーションを上げる

美容師がお客さまに技術を提供するためにトレーニングに励むのは、第三の報酬です。なぜなら、「お客さまを喜ばせたい」「お客さまの役に立ちたい」という気持ちがその原動力となっているからです。そして、技術を提供した見返りとして、

外側からか、内側からか
- 外発的報酬…自分以外の人・組織から得る報酬。賃金や称賛など。
- 内発的報酬…自分の中から得ることができる報酬。満足感ややりがいなど。

特定の誰かに向けた行動
第三の報酬は、行動の対象者が明確であることがポイント。ボランティア活動も「○○の人のために」といった、特定の誰かに向けた行動であると言える。

サロンから受け取るのが経済的報酬。さらに、売上や実績を伸ばしていき、ランクやポジションが上がっていくことが、社会的報酬です。

本来、「お客さまを喜ばせたい」という第三の報酬が原動力となっていたはずの「お客さまへのサービス提供」が、外発的報酬寄り（経済的または社会的報酬）になっていくと、押し売りに近づいていきます。「売上を上げて給与をたくさんもらうぞ」（経済的報酬）、「ノルマをクリアしてランクを上げるぞ」（社会的報酬）といった動機は、経営的な視点から見れば完全に否定できるものではありませんが、そうした気持ちが前面に出てしまうと接客にも影響が表れてくるものです。

ですから、スタッフのモチベーション向上を目指す上では、第三の報酬を活用すべきだと考えます。実は、第三の報酬への欲求は、誰もがすでに持っているものです。「誰かの役に立っている」と感じられる環境を用意し、第三の報酬をどう引き出していくか。皆さんならこれをどう生かすか、考えてみてください。

**第三の報酬が
行き過ぎると……**

「誰かの役に立ちたい」ためにやり過ぎると、相手から嫌がられることも。また、徐々に「感謝」などの外発的報酬を求めるようになっていく場合もある。

Chapter 02／リーダーを育てる

チームがバラバラで、1つにまとまりません……

まずは、メンバーの
「視点の違い」を理解しよう。
足並みをそろえるのは、それから。

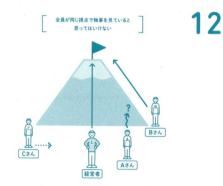

12

マネジメントとリーダーシップの違いとは?

リーダーシップはチームを前に進め、
マネジメントはチームを安定させる。
チームには、どちらも不可欠。

13

リーダーシップはどうしたら生まれますか?

リーダーに適した意識と能力を
備えることで、
リーダーシップのある
行動が生まれる。
つまり、「意識×能力=行動」。

14

SUMMARY

15 リーダーにとって、最も大切にすべき人は誰ですか?

リーダーの思いに共感し、
メンバーとの橋渡しをしてくれる
「フォロワー」。
大切にしないと、最大の敵にもなり得る。

16 2番手が育ちません。どうしたらよいでしょう?

人材育成など、経営に次ぐ重要な
仕事を任せてみる。
経験・体験してもらうことが大事。

17 戦略人事について詳しく知りたいです

「求人〜採用〜人材育成」の
人事全般を戦略的に
思考するのが「戦略人事」。
経営戦略と連動し、
人の価値を最大化する。

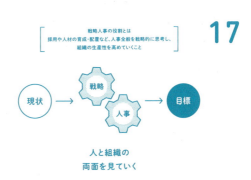

Chapter 02／リーダーを育てる

求人〜採用〜人材育成をうまく回すには……？

チームを分けて、このサイクルを循環させるのがポイント。
それを統括するのが、戦略人事。

18

スタッフに店長職を打診したら、断られました……

雑務に追われなくて済むよう、店長に求める役割を明確にしよう。
店長の心理的負担を軽減する仕組みも必須。

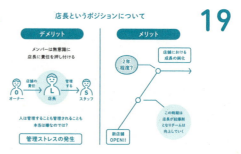

19

結果が出ていなくても、頑張ったことを評価したいです

結果による評価が基本。
ただし、一部にプロセス評価を活用すると、メンバーの
やる気アップ・成長にも
つながりやすい。

20

SUMMARY

21

手当額は、どういうプロセスで決定しますか?

スキルありきで、
行動策→手当額の順に決めるべき。
先に金額を決めてしまうと、
その金額分の働きしかしなくなる。

22

降格させたら辞めてしまうのでは……?

「損失回避の法則」を参考に、
実質的に降格に見えない
ポジションチェンジを行おう。

23

お金以外の報酬には何がありますか?

誰かのために「役に立ちたい」
という思いから生まれる「第三の報酬」。
これをどう引き出していくかがポイント。

Chapter 03

チームを強くする

「どのようなチームをつくっていくべきか。そして、『良いチーム』と『悪いチーム』の違いは、どこにあるのか」

チームに共通の目的がなければ、メンバーをまとめることはできません。そして私は、チームを強くするために必要なのは、メンバー間のコミュニケーションであり、また、お互いの能力を認め、補完し合える関係性だと思っています。

私のサロンでは、チームを強くすることを目指し、各店舗に「店長を置かない」という取り組みをスタートさせました。店長の存在によって「チームのリーダー＝店長」という構図が生まれてしまうため、店長個人の能力や強みを正しく生かしきれない事態が発生し、問題と感じたのです。

私にとって理想のチームとは、それぞれのメンバーが持つ「優れた能力」を生かし、助け合うチームです。メンバー1人ひとりが、それぞれ得意分野の「リーダー」として行動することで、チームは強くなっていく。つまり、1つのチームに複数のリーダーが存在していてもよいのでは、と思うのです。

チームを強くするには、圧倒的なリーダーシップも必要ですが、メンバー1人ひとりの能力を生かし合い、場面に応じて時にはリーダーを交代しながら、状況に適したリーダーをその都度選任していくこと。そして、誰が選任されても実績を出せるのが、本当の意味での「強いチーム」なのではないかと考えます。

さて、本当にそんなことが可能なのでしょうか。

INTRODUCTION

そもそも、リーダーとメンバーの違いは何なのでしょうか。
私は、チームにおいてはメンバー全員が何かしらの分野のリーダーであるべきだと思っており、そして、それは実現可能だと信じています。なぜなら、人は「誰かに必要とされたい」と願うものであり、自身の能力を生かして周りのメンバーを助けたり、導いたりすることを大きな喜びと感じるものだと思うからです。

メンバー同士がお互いを尊重し、助け合う。
そのような関係性が、チームを強くしていくのではないでしょうか。

24 | 教育と人材投資について教えてください

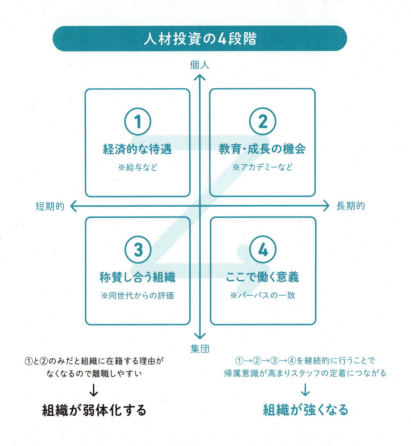

美容室の人材育成においては、4つのフェーズに分け、順に環境整備と投資を行っていくことが重要だと考えています。

上の図の①から④まで整うことで、組織は強くなっていきます。

人材育成に必須の4つのフェーズ

注力すべき4つの工程を順に解説していきます。左の図では、縦軸が対象者（個人か集団か）、横軸が時間（短期的か長期的か）となっており、順に行うべき工程を①〜④で示してあります。図を参考にしながら見ていきましょう。

① 経済的な待遇（個人／短期的）

給与などの待遇を良くすることで求人を強化し、組織に人材を増やしていく工程です。「うちのサロンは基本給が高いです」「稼げる美容師になれます」といった具合に経済的なメリットを打ち出せば、それだけ人は集まりやすくなるもの。つまり、人を集めるために経済的なベースアップを行い、そうした強みを打ち出して人材を増やしていくのです。「人を集めるための投資」と言えます。

② 教育・成長の機会（個人／長期的）

お客さまから支持される美容師に必要な技術・接客を習得してもらうため、積極的に教育を行っていきます。つまり、「集めた人を生かすための投資」となります。

ほとんどの美容室では、この①と②だけに注力している状況ではないでしょうか？これらは「スタッフ個人」にフォーカスしているため、①②のみを繰り返していると組織に在籍し続ける理由がなくなってしまい、シェアサロンに流れたり、他のサロンへ転籍したり、といった離職が起こり得ます。

重要なのは、個人を育てた後に「組織にいるべき理由」を確固たるものにすることです。続く2つの工程を見ていきましょう。

③ 称賛し合う組織（集団／短期的）

メンバー同士がお互いに認め合い、称賛し合える組織を構築します。ここで大切なのは、同世代（年齢の近いメンバー同士）が称賛し合うことです。

若者が特に気にするのは、同世代からの評価です。「幹部メンバーに褒められるよりも、近い世代の仲間に褒められる方がうれしい」という声をよく聞きます。これは、Chapter01でもお伝えしたように（P.62〜参照）、「人前で褒められたくない」という心理と関係しているのかもしれません。経営者や店長からの称賛をプレッシャーに感じてしまう一方、同世代のメンバーからの称賛は、承認欲求を満たすことにつながっているのではないかと思います。

例えば、SNSにすてきなスタイルがあればコメントのやりとりをしたり、オフラインなら終礼で良かった点を言い合ったりするなど、世代の近いスタッフ同士でさりげなく褒め合える環境をどうつくっていくかがポイントです。幹部メンバーは、あまり口を出したり、割り込んだりしない方がよさそうですね。

④ ここで働く意義（集団／長期的）

最後は、パーパスをどう一致させていくか、という点です。

パーパスとは、組織にとっては「事業を通じて成し遂げたいこと」、スタッフ個人にとっては「仕事を通じて成し遂げたいこと」となります。この組織のパーパスと個

---

③④はチームづくり

②まではある意味、スタッフ個人間の競争だったのに対し、③以降はチームでの活動を重視。お互いを認め合うという、人間的な教育が必要になってくる。

パーパスとは？

- 組織のパーパス…組織の存在価値、組織の在り方。
- 個人のパーパス…働く意義、個人の在り方。

次項（P.132〜）で詳しく解説する。

人のパーパスが一致すると、スタッフにとっての「このサロンで働く意味」が生まれるのです。

例えば、「美容を通して地域に貢献したい」と考えているサロンなら、「お客さまに笑顔になってもらうことで、地域を元気にしたい」と考えているスタッフのパーパスと一致します。すると、スタッフにとっては、このサロンで働き続ける意味が生まれるわけです。

とは言え、サロンのパーパスと個人のパーパスを一致させるのは容易ではありません。最も難しい工程だから、最後の4番目に置いているということもあります。肝心なのは、スタッフに向けてパーパスを明確に発信することです。積極的に伝えていかないと、スタッフはサロンのパーパスを知る由もなく、個人のパーパスと一致させようもありませんし、「ここで働く意味」も見いだしにくくなってしまいます。

①〜④までを行うことで、帰属意識が高まり、スタッフの定着率も高まっていきます。そして、定着率が高まることで、組織は強くなっていくのです。

パーパスの一致
個人のパーパスを組織がコントロールすることはできないため、非常に難しい。しかし、組織のパーパスに共鳴するメンバーが定着することで、組織は強くなる。

25 パーパスって、あった方がよいですか?

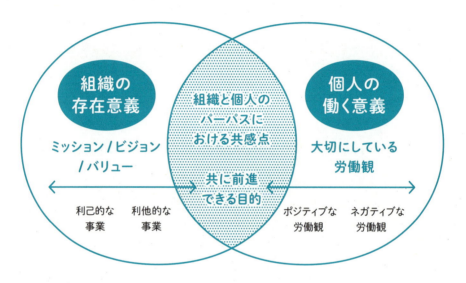

パーパスは絶対に必要です。なぜなら、それは組織の在りたい姿を表すものだからです。パーパスがないと、スタッフはどこへ向かっているのか、分からなくなってしまいます。

パーパスは、「在り方」を示すもの

パーパスは、英語の「目的、目標（purpose）」に由来し、組織にとっては「存在する意義」、スタッフ個人にとっては「働く意義」を意味します。
なお、組織のパーパスはSDGsや地域保全活動などと混同されてしまうことがありますが、全くの別物です。あくまで、組織として「どう在りたいか」を示すのがパーパスです。

「利己的な事業」と「利他的な事業」

前項（P.128〜）でお伝えしたように、組織のパーパスと個人のパーパスが一致すると、スタッフは定着しやすくなります。組織はパーパスに基づき、ミッション・ビジョン・バリューを定めてさまざまな事業を展開していくわけですが、企業が行う事業には、利己的な事業と利他的な事業が存在します。
「利己的な事業」とは、自分の組織の「もうけ」を重視し、資産や資源を独占しようとするものです。利己的な事業になればなるほど、個人のパーパスからは遠くなっていき、共感点を見つけることが難しくなります。
一方、「利他的な事業」とは、自分の組織だけでなく社会の繁栄にもつなげようとする、社会性のある事業のことです。これは、「社会に役立つ仕事」ではありますが、ボランティアではありません。もうけることと同時に、社会にどう貢献していけるかを重視して進めていきます。

ミッション・ビジョン・バリュー（MVV）
- ミッション…ビジョンへの道筋。
- ビジョン…目指す姿。
- バリュー…ミッションを実現するための行動、考え方。

パーパスとMVV
- パーパス（Why）
- ミッション（What）
- ビジョン（Where）
- バリュー（How）
として考えると分かりやすい。

利他的な事業
社会が喜ぶサービスとは、社会に必要とされているサービスでもあるということ。結果的に、多くの利益を得られるケースも多い。

利他的な事業は、個人のパーパスとの共感点を見つけやすくなります。なぜなら、人はそもそも社会性を大切にする生き物であり、社会性のない組織では働きたくない、一緒に歩みたくない、と感じるものだからです。逆に利己的になるほど、社会性は失われていき、人（スタッフ）も離れていくものです。

個人のパーパスとは、つまり「労働観」

Chapter01で「労働観」についてお伝えしましたが（P.38～）、スタッフ個人の「働く意義」とは、その人が大切にしている労働観のことです。そうした労働観は人によって異なっており、ポジティブな労働観もあれば、ネガティブな労働観もあります。

ポジティブな労働観とは、労働に金銭的報酬よりも大きな価値を感じているというものです。一方、ネガティブな労働観は、「働かなければならない」といった具合に、お金を稼ぐために仕方なく仕事をするなど、後ろ向きなマインドを指します。労働観などを絡めてよく語られる、「3人のレンガ職人」という童話があるので、ここでは、そのエッセンスを紹介しますね。

ある男が歩いていると、レンガを積んでいる3人の職人に出会いました。男は3人それぞれに、「何をしているのか？」と尋ねます。
1人目のレンガ職人は、「レンガを積んでいるんだよ」と答えました。
2人目のレンガ職人は、「教会を建てているんだよ」と答えました。

「労働観」のおさらい
個人の「仕事において何を実現したいか」「どのように働きたいか」を表す価値観のこと。「お客さまを笑顔にしたい」「美容師として成長したい」など。

「3人のレンガ職人」
イソップ寓話として広まっているが、出どころに関しては諸説あり、定かでない。語られるうちに、少しずつアレンジされながら広まっているのかも。

3人目のレンガ職人は、「皆が祈りをささげて、幸せになれる場所をつくっているんだよ」と答えました。

この3人の労働観の違い、分かりますか？　まとめると、
- 1人目「レンガを積んでいる」→お金のための労働（ネガティブ）
- 2人目「教会を建てている」→業務（ネガティブでもポジティブでもない）
- 3人目「幸せになれる場所を〜」→世の中に貢献する労働（ポジティブ）

ということになるでしょう。
ポジティブな労働観は組織のパーパスと一致しやすく、ネガティブな労働観は逆に一致しにくくなります。

人は組織のパーパスに染まっていくもの

組織と個人のパーパスにおける共感点が多いほど、組織とスタッフの関係性は深まり、エンゲージメントも向上していきます。
だからと言って、組織のパーパスは個人に合わせて変えるべきものではありません。パーパスは組織の「こう在りたい」と思う姿ですから、「一緒に進みたい人は来てください」と発信しながら、スタッフを導いていきます。そのパーパスに共鳴する人は組織と共に歩むことを選び、組織のパーパスに染まっていくものです。組織のパーパスに染まらないほどの強い意志（パーパス）を持つ人は、独立したり、起業したりと、自らが歩む道を自分で見つけていくでしょう。

パーパスは未来へ向かう
パーパスは未来へ向けて成し遂げたいことのため、ある程度は柔軟に、スタッフとの共感点を増やしていけるもの。ただし、組織のパーパス自体を変えるべきではない。

26 | 次から次へと課題が出てきて、迷子になりそうです……

[ゴールが見えていれば、進むことはできる！]

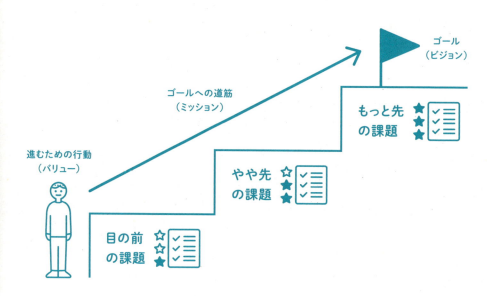

　私たちは、目の前の課題に悩み、先へ進めなくなってしまうことがしばしばあります。経営者を含め、リーダーはこうした壁にぶつかるものですが、これは言わば、「木を見て森を見ず」の状態。ゴールさえ見えていれば、先へ進むことはそう難しくはありません。

ゴールはどこか？

課題が次から次へと壁のように立ちはだかると、ゴールにたどり着けないのではないかと不安になります。しかし、そもそもゴールはあるのでしょうか？　ゴールがなければ、ただやみくもに歩いているだけ。それこそ、迷子のような状態ですね。ゴールとは、成し遂げたい最終的な目標、つまり「ビジョン」です。ビジョンがあれば、それを実現するための行動策＝道筋が見えてきます。これが、「ミッション」です。そして、ミッションを実現するための行動や考え方が、「バリュー」。左の図では、それらの関係性を表しています。

ゴールを設定し、それを見失わないようにすれば、その時々に現れる課題をクリアしながら、迷うことなく進んでいけるものです。

ゴールから逆算して課題を予測する

全く予想していなかった課題が突然目の前に現れたら混乱しますし、解決までに時間がかかり、エネルギーも大量に消費します。しかし、ゴールが分かっていれば、そこから逆算し、その時々に起こり得る課題をある程度予測することが可能です。課題を予測しておけば、解決への準備を進めておくことができますし、実際に課題に直面した際も慌てずに済むでしょう。

課題を予測する際に実践したいのは、新しい提案・計画などへの批判や反対意見を想像してみることです。新しいことに挑戦しようとしたり、新たな事業を提案

ゴールが決まっていないと…
進むべき方向が分からないばかりか、課題も予測できず、壁にぶつかるたびに右往左往。これでは、疲れてしまう。付き合わされるスタッフからも不満が噴出。

あらかじめのリスク管理
計画や提案に対する反論を前提に準備を進めると、計画自体のリスク管理にもなる。課題の予測は、そうした意味でも重要。

したりすると、多くの場合、「できませんよ」「無理でしょう」といった反論が立ちはだかってくるものです。こうした反対意見が挙がるのは、ある意味、仕方のないことでもあります。なぜなら、新しい計画を提案した人はすでに熟考を重ねた上で発表しているわけですが、その他のメンバーにとっては「初めて聞く話」。組織がどう進むことになるのか、全く予想がつかないからです。

経営者からの提案に対して、スタッフからどのような反論が出てくるか、また、なぜそのような意見が出てきやすいのかを考えていくと、備えるべきこととその解決策が見つかるものです。

課題への解決策を用意しておく

例えば、「多店舗展開したい」と考えている場合に発生すると予測できる課題と、その解決策を検討してみましょう。

課題①…スタッフの理解を得る
- 課題の予測→「何のために多店舗展開するの?」「私たちにメリットはあるの?」という疑問が出てきそう。
- 解決策→前もってビジョンを説明する機会をつくっておくのがベスト。多店舗展開した先に「私たち」の生活にどのような良い影響があるかをスタッフ目線で考え、伝えよう。

ゴール設定が前提

上記のような「課題予測→解決策検討」は、明確にゴールが設定されていることが前提となる。ゴールが分からなければ、課題も見えてこない。

課題②…リーダーを育成する
- 課題の予測→新店舗の店長が必要になる。誰にしようか？
- 解決策→自分（経営者）の考えに共感してくれるフォロワー（＝リーダー候補）を見つけておく。

課題③…リーダーによるチームビルディングを行う
- 課題の予測→店長が新店舗をまとめなければならなくなる。任せられるのか？
- 解決策→早めにマネジメント教育、店長育成を開始する。

課題④（理想）…次の店長候補を見つける
- 課題の予測→次のリーダー候補が必要。その教育をどうするか？
- 解決策→最初の店長の成功体験を言語化し、マニュアル化して次の店長教育に生かす。優秀な店長に次の店長を育ててもらおう。

こうして課題を洗い出し、解決策を探っていくと、いつか自分の手から店長教育が離れていくイメージが浮かんできませんか？　ここでは、多店舗展開を例にしましたが、ゴールを見据え、考えていくと、次々に出てくる課題への対処法が見えてきますし、将来的には他のメンバーにも課題が分散され、経営者の負担も軽くなっていくものです。

目の前の課題に追われると、どこに進んでいるのか分からなくなることもあるでしょう。まずは、成し遂げたいゴールを設定し、進むべき方向を見つけてください。

「多店舗展開」の補足

多店舗展開を考える場合、多くの経営者がまず考えるのは店長育成。しかし、スタッフの理解なくして多店舗展開は成し得ない。最初にスタッフの理解を得ることが大切。

27 | 「良いチーム」とは、どのように生まれるのでしょう?

「リーダーが変わっても」
「新しいメンバーが加わっても」
組織の風土を維持していくことができる。

良いチームとは、目標を達成することができ(効果性)、明るく元気があって(健全性)、その良い状態をお互いに補完し合いながら自分たちで維持していける(継続性)チームです。こうしたチームのつくり方を見ていきましょう。

参考文献／『いちばんやさしい「組織開発」のはじめ方』
中村和彦監修・解説／早瀬 信・髙橋妙子・瀬山暁夫著(ダイヤモンド社刊)

良いチームをつくる3段階

理想のチームを早くつくりたいからといって、段階を無視してチームづくりを行ってしまうと、チームとしてまとまるまでに逆に時間がかかったり、途中でつまずいてしまったり、ということが起こり得ます。左の図にあるように、①効果性、②健全性、③継続性、の順序を守ることが重要です。

① 効果性（短期的な達成感を得られる）

メンバーを集めたら、まず1～3カ月程度の短期間でクリアできる目標を立て、実行してもらいます。ここでは、目標を達成できたことを実感させて「このチームならできる」と思わせることが目的のため、大きな目標ではなく、少し頑張れば届きそうな目標を掲げることがポイントです。目標が大き過ぎて達成できないと、「このチームは大丈夫なのか？」などと不安を抱くものです。

サッカーの練習試合であれば、いきなり強豪チームに挑むのではなく、最初はやや格下の相手と試合をし、自信をつけさせながらチームを強くしていく、という考え方と同じですね。

② 健全性（明るくはつらつと元気がある）

達成感を得られると、「このチーム、いいよね」といった具合にチームの雰囲気も良くなってきて、メンバー同士の関係性も深まり、協力し合えるようになります。ただし、「仲が良い」という関係ではないことにご注意ください。チームビルディング

**効果性・健全性・継続性の
キーワードと
その解釈について**

『いちばんやさしい「組織開発」のはじめ方』（P.140参照）を参考に、キーワードの解釈を筆者が美容業界向けにアレンジしたもの。

の基礎は、「協力し合える」関係性です。協力し合うことで、明るくはつらつとした雰囲気も醸成されていきます。

なお、新たにチームを組む場合、ここから着手しようとする方が多いのではないかと思いますが、実は、「健全性」から良いチームに育てていくことは難しいのです。なぜなら、チームは成功体験がないと、お互い、積極的に協力関係を築きたいと思わないからです。いくら雰囲気が良くても、目標に対して「本当にできるのか？」などと疑心暗鬼の状態では、実績を上げることは難しいでしょう。

①〜②の流れを分かりやすく言うと、例えば新店舗をオープンする場合、「まずは3カ月で売上を〇〇円まで出しましょう」などの短期的な目標を掲げます。それが達成できたら（効果性）、営業後に簡単なパーティーを開いて目標達成を祝う。そこでメンバー同士がさらに打ち解け、「健全性」につながっていく、ということです。「達成できた」という実感があるから「このチームは優秀だな」と自覚でき、協力し合いながらより高い目標へ向かっていこうとするものでしょう。

③ 継続性（良い状態を自分たちで維持できる）

協力し合える関係性ができてくると、その良い状態を自分たちで維持していくことができるようになります。なぜなら、チームビルディングが進んでいくと、メンバー同士がお互いの足りない部分を補完し合えるようになるためです。

そうした風土ができ上がれば、たとえリーダーが変わったり、新しいメンバーが加わったりしても、皆で協力しながら「良い状態」を継続させていくことができます。

「②健全性」から着手すると…
確かにメンバーは仲良くなれるかも。しかし、チームの目的を忘れてしまい、一度失敗したらなかなか復活できない可能性もある。結果をいかに早く出すがが鍵。

「③継続性」の仕組みを最初につくれるか？
①②の前に仕組みをつくっても、うまくいかない。なぜなら、チームビルディングできた上で継続させることが重要なため。

「一員でいたい」という欲求を自覚させる

いったん、効果性・健全性・継続性と関連したチームの状態を整理します。

- **効果性が未達**…チームがバラバラの状態。
- **効果性を実感**…チームの一員であることを実感する。
- **健全性を達成**…チームの一員として「協力したい」という姿勢になる。
- **継続性を達成**…チームの一員で居続けたいと思い、補完し合う関係になる。
- **リーダーがチェンジ**…誰かが補完してくれる。

こうして見てみると、チームビルディングには人間の心理が隠れていることが分かります。

もしかすると、良いチームとは、メンバーが「このチームの一員でいたい」と思うチームなのかもしれません（ただし、単なる仲良しグループではない）。良いチームをつくるには、いかに「チームの一員でいたい」という欲求を自覚させるかが鍵と言えそうです。

「③継続性」まで
行くと…
いろいろなことに挑戦できるチームになる。逆に、継続性まで行かないと、チームとして課題に取り組むことが難しく、ぽろぽろとメンバーも離脱しがち。

28 経営戦略を考えるためのポイントを教えてください！

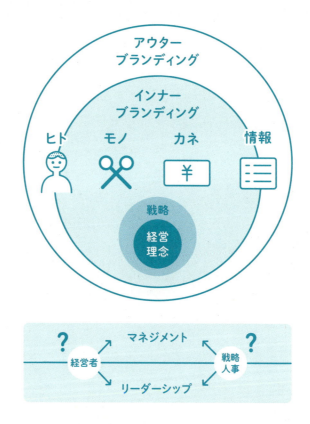

美容室においては、サロン外へ向けた「アウターブランディング」と、サロン内へ向けた「インナーブランディング」の2軸で戦略を考えていく方法がおすすめです。そして、「ヒト・モノ・カネ・情報」をどう使うかを練っていきます。

アウターとインナーの2軸で考える

基本的には、アウターブランディング→インナーブランディングの順に進めていきます。まずは、アウターブランディングによってサロンのターゲットが決まった後、スタッフへ向けたインナーブランディングを行っていく、というイメージですね。

外部向け、内部向けのブランディング

「アウターブランディング」とは、サロンの「外からの見え方」です。サロン外へ向けて発信するものですから、主な対象者は、①お客さま（集客）、②美容師・美容学校生（求人）、③美容業界（ブランド価値向上）となります。まずは、こうした人々へ向けて「サロンをどう見せていくか」を考えていきます。

前提として、お客さまから得たお金をどう循環させるかを考えるのが経営戦略ですから、最初に集客を検討するのが鉄則です。

私の考えとしては、

① お客さまがいないとサロンは運営できないため、「集客」が最初（お客さま）

② お客さまがあふれそうになったら、「求人」を検討（美容師・美容学校生）

③ コンテストへの参加や美容専門誌への掲載など業界内での存在感を高め、サロンのブランド価値向上を目指す（美容業界）

の順に行っていくのがおすすめです。

そして、「インナーブランディング」とは、スタッフに向けて行うブランディングのこ

---

①〜③のアウターブランディングを同時に進めることは可能なのか？

上の①〜③は発信するステージが異なるため、できればチームを分けたい。人的リソースにも限りがあるので、同時進行は難しいかも。

とで、経営理念やサロンのブランド価値を理解してもらうためのものです。アウターブランディングで対外的な打ち出し方が決まれば、それをどう実現させるかを、今度はサロン内に浸透させていくのです。例えば、集客ならば、SNSをどう運用していくか、また、集客サイトをどう活用していくか、などを検討します。

ヒト・モノ・カネ・情報をどう使うか?

アウターブランディングとインナーブランディングが進むにつれて、次はそれをどう実行していくかという手段を考える必要が出てきます。その手段として活用するのが、「ヒト・モノ・カネ・情報」です。

- **ヒト**…美容師。どんな教育を施し、どのような美容師に育てていくか。
- **モノ**…出店エリアやサロンの内装、技術(ヘアスタイル)。どのような場所に出店し、どのような技術・メニューを打ち出していくか。
- **カネ**…サロンのお金、つまり投資とリターン。広告費やスタッフへの報酬など。例えば、求人サイトへの掲載でどれだけの採用が見込めるか、など。
- **情報**…アウターブランディングなら、マーケティング(市場分析、顧客分析など)。インナーブランディングなら、スタッフへの情報発信。

「カネ」で忘れがちなのが、スタッフへの報酬です。人材にどう投資するかについても、カネの領域となります。

ヒト・モノ・カネ・情報
ヒト・モノ・カネ・情報は、戦略ではなく「手段」。これらを「どう使うか」が「戦略」となる。

労働条件も「カネ」のうち
例えば、求人の際に労働条件や給与体系をアピールし、「うちのサロンに入ればこれぐらい稼げます」と打ち出すのもカネの領域。

「情報」のアウターとインナー
例/マーケティング調査で「カウンセリングが丁寧なサロンが人気」と判明(アウター)→「カウンセリングに力を入れていこう」と呼びかける(インナー)。

経営理念と戦略

「経営理念」は組織の信念であり、活動の方針となる考え方です。そして、この経営理念を実現するために「戦略」を立てて実行していきます。大まかな流れとしては、経営理念に基づいてアウターブランディング、インナーブランディングを進め、ヒト・モノ・カネ・情報を動かしていくわけですが、これを網羅的に捉えるのが戦略となります。おとぎ話の「桃太郎」でこの流れを考えてみましょう。

桃太郎は、大好きなおじいさんとおばあさんが鬼に苦められているのを知り、「鬼退治をしよう」と決めます（経営理念）。そして仲間を探し（アウターブランディング）、きび団子を使って（モノを使う）犬、きじ、猿という仲間を集めます。仲間に「鬼退治をするぞ」と伝えた上で（インナーブランディング）、鬼退治の方法を考え（戦略）、実行したわけです。もし、「鬼が寝ている間にやっつけよう」と考えていたら、「情報」を使ったということになるかもしれませんね。

リーダーシップとマネジメントを使う

戦略は、経営理念を実現するための「宝の地図」のようなものです。しかし、人が動かなければ、ただの地図。リーダーシップとマネジメントを使って、スタッフをどう動かしていくかを決めていきます。なお、全ての領域を経営者がカバーすることは難しいため、2番手のメンバーなどと役割を分担するとよいでしょう。

戦略はいつ考える?
戦略は、ターゲットが分からないと決められないなど、外的要因の影響を受けるため、ヒト・モノ・カネ・情報までを考えてから詰めるとよい。

29 どうしたら、ワンチームになれますか？

自己効力感
目標を達成するための能力を
自らが持っていると
認識すること

組織効力感
おのおのの能力を生かしながら
チーム一丸となれば実現できると
認識し合えること

One Team

| 成功体験の自覚 | キーワード | 異なる能力を |
| をいかに引き出すか | | 互いに認め合えるか |

メンバーが目標へ向かって一丸となり、個人ではできないことをチームで成し遂げる。それが、ワンチームです。ワンチームとなるポイントは、まずはメンバーの「自己効力感」を高め、そしてチームとしての「組織効力感」を高めていくことにあります。キーワードは、「能力」と「成功体験」です。

「自己効力感」と「組織効力感」

自己効力感は「自分ならできる」と思う気持ちのことで、組織効力感は「私たちならできる」と思う気持ちのことです。違いは、主語が「I」か、「We」かです。

自己効力感の高め方

自己効力感を高めるには、メンバー自身が自分の能力に気付くことが大切です。例えば、「私はプレゼンするのがうまい」「僕は技術を教えるのが上手だ」といった具合に、自分の得意なものから能力を自覚することができれば、それを軸に自己効力感は高まっていきます。

本人が自分の能力に気付いていない場合の気付かせ方には、主に2通りあります。1つ目は、「問い」のテクニック（P.46～参照）を使って、過去の成功体験から自身の能力を自覚できるよう、導いていく方法です。問いのポイントは「自分で答えを見つけてもらうこと」ですから、こちら側が「あなたは○○が得意でしょ」などと表面的なところだけを見て決めつけてしまうのはNGです。

例えば、「Aさんはいつも元気で明るいから、リーダーにふさわしいよ」と経営者が断言するのは正しくありません。実はAさんからすると、周囲からの印象を良くするためにいつも笑顔を意識し、明るく振る舞っている可能性もあるわけです。だとすれば、Aさんは自分を良く見せたり、取り繕ったりする能力が高いのかもしれません。しかし、Aさんに近いメンバーが「Aさんはいつも元気で明るいから、リーダーにふ

自己効力感と自己肯定感
- 自己効力感…自分の能力を使って「できる」と信じていること。
- 自己肯定感…過去の成功体験から、「できる」と思っていること。

この2つは、似ているようで別物。

自己肯定感との違いをサッカーに例えると……
- 自己効力感…リフティングが100回できるから、ゴールも入るはず。
- 自己肯定感…毎試合でゴールを決めているから、今回も入るはず。

さわしい」と言っている場合は、それがAさんの能力になり得ます。経営者が客観的な視点からそう思うことと、同じグループのメンバーが「Aさんはリーダーにふさわしい」と実感することとは、全く意味が異なります。共に現場で働き、Aさんの行動を近くで見ているメンバーが感じていることは、それがAさんの能力である可能性が高いです。つまり、能力の気付かせ方の2つ目は、「周囲に聞いてみる」という方法です。ただし、このときに「Aさんは明るく元気と言われているけど、あなたもそう思う？」などと、クローズドクエスチョンで誘導するのはNGです。他のメンバーに聞く際は、「Aさんのことどう思う？」といったようにオープンクエスチョンで尋ね、本音を引き出しましょう。そして、メンバーの意見をまとめた上で、「あなたは周りのメンバーにこう思われているよ」などと事実を伝え、自分の能力に気付いてもらいます。

組織効力感を高めよう

自己効力感の高いメンバーを集めてチームを組んだら、組織効力感を高めていきます。組織効力感を向上させる上で重要なのは、メンバーの持つ能力がそれぞれに異なっており、それをお互いが認め合える状況になっていることです。例えば、「Aさんはコミュニケーション能力が高い」「Bさんは技術を教えるのがうまい」などと、異なる能力を持ち寄ることで補完し合う関係性が築かれ、互いの能力を信じられるから、「私たちならできる」という組織効力感が芽生えていくのです。

メンバーを集める際は、自己効力感の高い人物であることが大切です。その上で、「Aさんはコミュニケーション能力が高いから、皆の意見をまとめてもらいたい」な

どちらが得意か？
能力を引き出す側にも、問いを通じて本人に自覚させるのが得意な人と、周囲に聞いて能力を可視化するのが得意な人がいる。問いが苦手なら、後者を試そう。

どと活用してほしい能力を伝えることで、本人もチームにおいて期待されている役割が分かりやすくなります。

組織効力感は、すでに存在するチームでも高めていくことが可能です。例えば、店長会議。同じ店長というポジションのメンバーが集まるわけですが、ここで店舗の実績を数字中心に話し合うだけでなく、「Bさんは技術を教えるのがうまい店長ですよね」「CさんはSNS活用がうまい店長ですね」などと、カテゴライズしながら持っている能力が違っていることを知らせてあげると、組織効力感が芽生え、ワンチームになりやすくなります。

メンバーの能力が同じだったら……

1つのチームに同じ能力を持つメンバーが複数存在する場合は、能力のすみ分けをするとよいでしょう。人が持つ能力は1つではありません。いくつか備わっている能力には強弱があるはずなので、その強い方を生かすことで区別化するのです。または、同じ「教える」という能力でも、「カットがうまい・ヘアカラーがうまい」「レディースが得意・メンズが得意」「オンラインで教えるのがうまい・オフラインで教えるのがうまい」などと、細分化できれば、互いの能力を生かし合うことは可能です。

なお、組織効力感の向上には、「チームでの成功体験」が不可欠です。次項（P.152～）で詳しく見ていきましょう。

「貢献意欲」への効果

組織に必須の3要素のうちの「貢献意欲」（P.26～参照）も、互いの能力を認め、補完し合おうとすることで醸成される。チームには能力を生かし合う環境が不可欠。

ワンチームに必須の役割とは?

チームには、メンバーの能力を適材適所で回す「ファシリテーター」が必要。良いチームには必ず存在する役割のため、この能力を持ったメンバーを入れるべき。

30 | チームでの成功体験とは、どういうことですか?

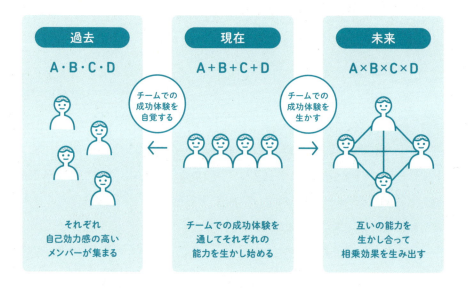

自己効力感→チームでの成功体験→組織効力感

チームでの成功体験を
できる限り多く組織内で実現させる

前項（P.148〜）では、ワンチームになるには自己効力感と組織効力感を高める必要があることをお伝えしました。ここでは、組織効力感を向上させるために必須となる「チームでの成功体験の見つけ方」と「組織効力感を高める方法」を詳しく解説します。

チームが育つ3ステップ

左の図は、チームの「過去」と「現在」、そして理想とする「未来」の姿（＝ワンチーム）を表しています。メンバーは、Aさん、Bさん、Cさん、Dさんの4人です。

「過去」のチームは、自己効力感を持ったメンバーが集まった状態です。優秀なメンバーではありますが、バックグラウンドもやり方も異なる上、4人の中に知り合いはいるものの、お互いをよく理解していないため、最初は皆バラバラです（＝チームにAさん・Bさん・Cさん・Dさんが存在している、という状態）。どんなチームでも、最初は必ずこの状態からスタートします。

しかし、チームとして行動を共にするうち、コミュニケーションも深化し、徐々に足並みがそろっていきます。それが「現在」の状態です（＝Aさん＋Bさん＋Cさん＋Dさんの足並みがそろった状態）。ここまでは、チームとして活動していれば、わりと自然な流れで到達できる形です。

さあ、ここから「未来」の理想の姿へ、「どうやってチームを進化させていくか」というのが、この項の主題となります。

過去から現在までを振り返ってみる

Aさんたちのチームは、さまざまな体験をして現在に至っています。最初はバラバラだったのに、どうやって足並みをそろえてきたのか、そして、どうして自分たちはうまくいっているのか。メンバーに「私たちだからできたこと」を考えてもらうのです。

現在までを振り返ってみると、ミーティングでアイデアを出し合ったり、協力して問題を乗り越えたり、実はチームでいろいろな成功体験を積んでいることに気付きます。なお、ここでのポイントは、「私たち」として発想してもらうことです。「私は○○で業績を上げた」などと、主語が「I」のままでは、まだチームは個人が集まっただけの、バラバラの状態と言えるでしょう。

現在まで自分たちが積み上げてきた、チームでの成功体験を自覚することが、「私たちならできる」という組織効力感の芽生えにつながっていきます。

「私たちならできる」という組織効力感

チームでの成功体験を自覚できると、「このチームなら、もっとできるかも」という自信と期待が生まれます。それが、組織効力感です。

組織効力感が芽生えると、「私たちのスキルを生かして、もっとこうしていこうよ」などと活発に意見を交わすようになり、まだ達成したことのない目標や、挑戦したことのない活動に対しても「私たちならできる」と信じられるようになっていきます。そうして組織効力感が向上し、メンバー同士が互いの能力を生かし合うことで、より強いチームへと成長していくのです。これが、P.152の「未来」に当たる状態です（＝Aさん×Bさん×Cさん×Dさんの能力が掛け合わされ、相乗効果が生まれている状態。)

「現在」のチームの足並みがそろっているのは……
つまり、チームでの成功体験があるから、足並みがそろったということ。軌跡を振り返ると、実はたくさんの成功体験があるもの。

チーム成長の鍵は……
チームに組織効力感が芽生えるかどうかの分岐点となるのは、「チームでの成功体験を自覚できるか」という点。自覚できなければ、「未来」への成長はない。

> ## チームをまとめる「ファシリテーター」

このような強いチームが形成される中では、実は「ファシリテーター」と呼ばれる人が力を発揮しているものです。ファシリテーターとは、いわば会議などの進行役。メンバーの意見をまとめたり、成功体験の自覚へ導いたりと、強いチームをつくる上で欠かせない役割を担っています。言い換えると、チームを組む際は、人をまとめる能力の高いメンバーを必ず入れるべき、ということになります。
ここで、例を1つ紹介します。

新店舗をオープンし、「今月は5人で300万円を売り上げよう」という目標を掲げました。計算すると1人当たり60万円の売上です。
そして1カ月後、結果が出ました。残念ながら、300万円の目標には届かず、270万円の総売上となりました。この結果を受けてメンバーはミーティングを実施するのですが、「なぜ、300万円に届かなかったのか?」という質問に対して、Eさんは「私は80万円売り上げましたが、Fさんは40万円でした」と発言しました。

Eさんは「私」について語っていますから、まだチームはバラバラの状態です。では、Eさんの「私」という主語を、どうすれば「私たち」に変えられるでしょうか?
どうぞ、皆さんで考えるとともに、サロンのメンバーにも聞いてみてください。Eさんの主語を「私たち」に変える方法を知っている人は、ファシリテーションのスキルが高いと言えます。つまり、チームに必要な人材ということになりますね。

上の例の1つ目の間違いは……
目標を「売上」で設定すると、個人目線になりやすい。そして、Eさんの主語を「私たち」に変える方法とは……ぜひ、考えてみよう!

Chapter 03／チームを強くする

24
教育と人材投資について教えてください

4つのフェーズに分けて、
順に環境整備と投資を行う。
最初の2つを行ったり来たりするだけ
では、離職が起こる。

25
パーパスって、あった方がよいですか？

パーパスは絶対に必要。
組織・個人のパーパスに共感点が多いと、
スタッフが定着しやすい。

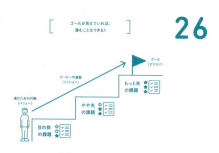

26
次から次へと課題が出てきて、迷子になりそうです……

ゴールがあれば先に進めるもの。
さらに、ゴールから逆算して
課題を予想し、解決策を用意しておくと
慌てずに済む。

27
「良いチーム」とは、どのように生まれるのでしょう？

①効果性、②健全性、③継続性の順に
構築していくのがポイント。

SUMMARY

28

経営戦略を考えるための
ポイントを教えてください!

「アウターブランディング」と
「インナーブランディング」の
2軸で考えてみよう。

29

どうしたら、
ワンチームになれますか?

メンバーの自己効力感を高めた後に、
チームの組織効力感を高めること。
まずは、メンバーが自分の能力に
気付くことが大事。

30

チームでの成功体験とは、
どういうことですか?

「現在」から「過去」を振り返ってみると、
成功体験が見えてくる。
それを「自分たちならできる」という
組織効力感に昇華させていこう。

157

おわりに

経営者の皆さんは、多くのタスクを抱え、毎日を忙しく過ごしていることと思います。
最後に、タスクを抱え込み過ぎないための方法をお伝えします。

それは、自身が集中して取り組みたいタスクは自分で持っておき、それ以外を、さっさと相手(メンバー)に渡してしまうことです。野球のキャッチボールのようなイメージで、「次に会うときまでに考えておいてね」「次の話し合いまでにまとめておいてね」などといった具合に、相手にボールを渡しておくのです。そうすれば、より多くのメンバーを巻き込みながら、複数の業務を並行して進めていくことができます。

こうした発想は、経営者自身の心の負担が軽減されると同時に、メンバーにとっても、権限や役割を与えられることとなるため、成長する機会の増加につながります。
また、「任せられている。自分は組織(経営者)に必要とされている」という実感から、経営者や組織との良い関係性を保つこともできるでしょう。

本書で見てきたように、組織論はほとんどが「人」に関連することばかりです。
なぜなら、組織は人によって成り立っているからです。

人には「感情」が付いてきます。私たちはさまざまな感情の影響を受け、正しく意思決定を下せない場面も往々にしてあるでしょう。
そんなときに、本書の内容で、1つでもフレームワークとして扱えるものが見つかり、それを活用することで皆さんの心が少しでもラクになるお手伝いができたのなら、幸いです。

多田 暢

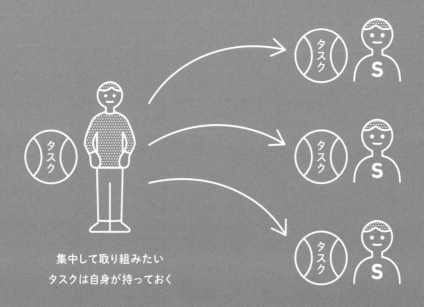

多田 暢　ただ・のぶる

株式会社melt代表取締役。2024年現在、東京・吉祥寺と下北沢に美容室5店舗を展開。「店長を置かない」店舗づくりを実践し、管理職が不在の組織でスタッフ1人ひとりの自発的な行動を促す仕組みを構築するなど、フラットな組織づくりを得意としている。また、従業員の個性を生かし、積極的に役割の権限移譲を行うことにより、通常のサロン運営とは異なる独自の組織論を展開。外部に向けては、主に美容室経営者・幹部を対象に、組織論を学ぶためのコミュニティー・『組織LABO』を運営し、サロンにおける組織ブランディングの研究・発表を行っている。

図解 人とチームが動きだす
美容室の組織論

2024年12月10日 初版発行
定価3,740円（本体3,400円＋税10％）

著者	多田 暢
発行人	小池入江
発行所	株式会社ヘアモード社
	https://www.j-mode.co.jp/

[本社]　〒154-0015
　　　　東京都世田谷区桜新町1-32-10-2F
　　　　TEL 03-5962-7087　FAX 03-5962-7088

[支社]　〒541-0043
　　　　大阪府大阪市中央区高麗橋1-5-14-603
　　　　TEL 06-6222-5129　FAX 06-6222-5357

印刷・製本　株式会社JPコミュニケーションズ
ブックデザイン　氏デザイン

©Noburu Tada 2024
Published by HAIR MODE Inc.
Printed in Japan
禁無断転載